第12版

高校法学专业
核心课程配套测试

商法
配套测试

试题

教学辅导中心 / 组编　编委会主任 / 姚海放

编审人员
姚海放　陈　楠　符大卿　钱　璇　张卓媛

中国法治出版社
CHINA LEGAL PUBLISHING HOUSE

出版说明

“高校法学专业核心课程配套测试”丛书由我社教学辅导中心精心组编，专为学生课堂同步学习、准备法学考试，教师丰富课件素材、提升备课效率而设计。自2005年首次出版以来，丛书始终秉持“以题促学、以考促研”的编写理念，凭借其考点全面、题量充足、解析详尽、应试性强等特点，成为法学教辅领域的口碑品牌，深受广大师生信赖。

本丛书具有以下特色：

1. **适配核心课程，精设十六分册**。丛书参照普通高等学校法学专业必修课主要课程，设置十六个分册，涵盖基础理论、实体法、程序法及国际法等核心领域，旨在帮助学生构建系统的法学知识框架，筑牢理论根基，掌握法律思维。

2. **专业团队编审，严控内容品质**。由北京大学、中国人民大学、中国政法大学、北京航空航天大学、中国社会科学院、西南政法大学、西北政法大学、南开大学、北京理工大学等法学知名院校教师领衔编委会，全程把控试题筛选、答案审定及知识体系优化，确保内容兼具理论深度及实践价值。

3. **科学编排体系，助力知识巩固**。每章开篇设置“基础知识图解”板块，以思维导图形式梳理核心概念与法律关系，帮助学生快速构建知识框架。习题聚焦法学考试高频考点，覆盖单项选择题、多项选择题、不定项选择题、名词解释、简答题、论述题、案例分析题等常见题型，满足课堂练习、期末备考、法考训练、考研复习等需求。答案标注法条依据，详解解题思路。设置综合测试题板块，方便学生自我检测、巩固知识。

4. **紧跟法治动态，及时更新内容**。丛书依据新近立法动态进行修订，注重融入学科前沿成果，同时，贴合国家统一法律职业资格考试重点，强化实务导向题型训练，切实提升学生应试能力。

5. **贴心双册设计，提升阅读体验**。试题与解析分册编排，方便学生专注刷题，随时查阅答案，大幅提升学习效率。

6. **拓展功能模块，丰富学习资源**。附录部分收录与对应课程紧密相关的核心法律文件目录，帮助学生建立法律规范知识体系；另附参考文献及推荐书目，既明确了答案参考，亦为学生提供拓展阅读指引。

7. 附赠思维导图，扫码即可获取。购买本书，扫描封底二维码可下载课程配套思维导图，便于学生随时查阅、灵活使用，为学习提供更多便利与支持。

尽管本丛书已历经学生试用、教师审阅、编辑加工校对等多个环节，但难免存在疏漏和值得商榷之处。法学的魅力恰在于永恒的思辨。若您在研习过程中有任何问题或建议，欢迎发送邮件至 hepengjuan@ zgfzs. com，与编委会共同交流探讨。我们将持续关注法学学习需求，以更开放的姿态完善知识体系，与广大师生共同推动本丛书内容的迭代优化。

“法律的生命不在逻辑，而在经验。”——愿我们在求索路上互为灯塔。

教学辅导中心

2025 年 8 月

《商法配套测试》导言

商法，是调整商事关系的法律规范的总称。伴随着我国构建高水平社会主义市场经济体制的进程，商法的重要性日渐突出。商法是教育部确定的法学专业核心课程之一，在法学教育、升学考试、国家统一法律职业资格考试等场景中也备受重视。

但同时，学习商法具有一定的难度，这在很大程度上是由商法的特点所致。第一，商法是私法，被认为是民事特别法。这要求学习商法需具有扎实的民法基础和功底。同时，伴随法律的公私交融发展，商业监管、规制规则对商事私法规范的影响日盛，也要求研习者密切注意相关商事领域的治理规则发展。第二，商法传统上聚焦国内法，但伴随国际经济交往，国际商法的重要性日益凸显，这需要研习者具有国际法视野。第三，商法具有技术性和专业性特点，这使得初学者在掌握相关规则时颇感抽象。

基于上述商法的特点和学习难度，注意商法学习方法是重要的。在此提出一些建议：第一，注重宏观知识体系构建和具体制度内容把握相结合。商法总论的知识体系，都是从具体商法领域中高度提炼而形成的。因此，把握抽象的概念、原则，需要落实到具体制度中去。例如，领会商事自治与法律强制之间的关系，不仅可还原到股东协议、公司章程自治与公司法等法律强制之间的场景，也可以指导证券发行与证券监管、保险合同与保险监管之间的关系等。第二，具体制度学习中需在规则与场景间相互切换。商事法律关系涉及多方主体利益，往往嵌套多重法律关系，合同约定、商业习惯、法律规定相互交织，具体情况颇为复杂。为厘清具体商法规则，学习中可将规则转换成一个个简化案例，以深刻理解规则要点。例如，学习票据法时，通过图例的方式明确前后手地位，理解出票人、背书人、承兑人之间的法律关系，是有助于厘清较为复杂交易关系的有用方法。第三，注重知识点的准确把握。商法的专业性、技术性特点，使得其规范理解与适用需要注重细节。对概念、规则的把握，良好的方法是理解基础上的记忆；但是对初学商法者而言，限于生活经验，对商法规则的理解有一定的难度，可以考虑先强化记忆，待日后相关经验丰富后更能使商法知识融会贯通。基于以上学习建议，采用习题练习的方式检验商法学习成果、巩固知识掌握，是必要的途径。

《商法配套测试》作为商法学习的辅助资料，希望契合上述商法学习规律，提升研习者的学习效果。从体例设计上，每章学习内容首先以“基础知识图解”形式呈现该章的总体体系结构，帮助研习者从宏观上构建知识体系；继而呈现“配套测试”和“参考答案”，使研习者能考察自身学习掌握程度，及时查漏补缺。从内容选择上，基于商法的实践性特点和研习者的需求，兼顾商法总论和分论内容，选择公司法、证券法、破产法、票据法、保险法的内容，使重点更加突出。在题型选择上，设置名词解释、选择题、简答题、论述题、案例分析题，可广泛适用于课程学习、研究生考试、法考等场景，也适合法律工作者掌握商法基本知识而使用。

诚如前言，商法内容丰富、规范与时俱进。研习者想要精研商法，在掌握商法精神、原则、体系的同时，还需下沉到具体知识点，以便熟练掌握和运用。为此目的，进行必要的记忆、测试、检验，实为一种扎实的学习方法。基于此，《商法配套测试》根据最新商法规则设计、注重商法学习规律、汇集商法知识运用场景，汇编而成，是商法研习者的优良学习资料选择。

希望各位徜徉在法学的知识海洋，体验商法精妙、撷取商法之花！

目　录

第一章　商法概述

基础知识图解

- 商法概述
  - 概述
    - “商”的意义
    - 商法的概念、特征
    - 商法原则
      - 经营自由原则
      - 平等交换原则
      - 企业维持原则
      - 交易便捷原则
      - 交易安全原则
      - 守法经营原则
  - 商法的调整对象
  - 商法的体系和渊源
    - 体系：商主体制度；商行为制度；破产制度；公司制度；票据制度；证券制度等
    - 渊源：正式渊源和非正式渊源
  - 商法与其他部门法的关系
    - 与民法
    - 与经济法
    - 与行政法
    - 与刑法
  - 商法的产生与发展

配套测试

单项选择题

关于商法的概念可以解释为：(　　)。

A. 调整商事交易主体在其商行为中所形成的法律关系的法律规范的总称

B. 调整商行为的法律规范的总称

C. 调整公司、企业日常商业活动的法律规范的总称

D. 调整一切微观经济活动的法律规范的总称

名词解释

1. 商法
2. 商法的渊源
3. 商法的调整对象
4. 商事外观主义

简答题

1. 简述商法的性质。
2. 简述社会责任原则。
3. 简述企业维持原则。
4. 简述商法私法与公法性质的融合。

论述题

1. 试述大陆法系民商关系的立法体系。
2. 试论商法与经济法的关系。

第二章　商事主体

基础知识图解

- 商事主体
  - 概述
    - 法律主体与商主体
    - 商主体的概念与特征
      - 概念：又称商事法律关系的主体，是指依法参与商事法律关系，能以自己的名义从事商行为，享受权利和承担义务的人
      - 特征
        - 为法律拟制的主体
        - 以营利为目的
        - 为商事法律关系中的当事人
    - 商主体的分类
      - 商个人
      - 商法人
      - 商合伙
  - 商法人
    - 概念：即企业法人，是指按照法定构成要件和程序设立的，拥有法人资格，参与商事法律关系，依法独立享有权利和承担义务的组织
    - 分类：国有、集体、合资、私营、外商投资商法人
  - 商个人
    - 概念：是指按照法定构成要件和程序取得特定的商主体资格，独立从事商行为，依法享受法律上的权利和承担义务的个体
    - 分类：个体工商户、个人独资企业主、农村承包经营户
  - 商合伙概念：是指两个或两个以上的合伙人按照法律和合伙协议的规定共同出资、共同经营、共享收益、共担风险

配套测试

单项选择题

1. 某普通合伙企业为内部管理与拓展市场的需要，决定聘请合伙人以外的陈东为企业经营管理人。对此，下列哪一表述是正确的？(　　)

A. 陈东在履行职务过程中因过失给合伙企业造成损失的，无须承担赔偿责任

B. 对陈东的聘任须经全体合伙人的一致同意

C. 陈东作为经营管理人，当然有权以合伙企业的名义对外签订合同

D. 合伙企业对陈东对外代表合伙企业权利的限制，不得对抗第三人

2. 逐道茶业是一家生产销售野生茶叶的普通合伙企业，合伙人分别为赵、钱、孙。合伙协议约定如下：第一，赵、钱共同担任合伙事务执行人；第二，赵、钱共同以合伙企业名义对外签约

时，单笔标的额不得超过 30 万元。对此，下列哪一选项是正确的？(　　)

A. 赵单独以合伙企业名义，与甲茶农达成协议，以 12 万元的价格收购其茶园的茶叶，该协议为有效约定

B. 孙单独以合伙企业名义，与乙茶农达成协议，以 10 万元的价格收购其茶园的茶叶，该协议为无效约定

C. 赵、钱共同以合伙企业名义，与丙茶叶公司签订价值 28 万元的明前茶销售合同，该合同为有效约定

D. 赵、钱共同以合伙企业名义，与丁茶叶公司签订价值 35 万元的明前茶销售合同，该合同为无效约定

不定项选择题

1. 下列不属于民事主体与商主体区别的是（　　）。

A. 商主体必须同时具有权利能力和行为能力，而民事主体却未必如此

B. 民事主体的权利能力和行为能力可以不同时产生，商主体则必须同时产生

C. 公法上的主体如政府部门等可以成为商主体，但不能成为民事主体

D. 商主体的构成，一般必须是行为人积极法律行为的结果

2. 有关商法人的表述错误的是（　　）。

A. 所谓商法人，是指依照法定构成要件和程序设立、拥有法人资格而参与商事法律关系的组织

B. 商法人是一种拟制的法律主体，不是自然形成的

C. 商法人有自己的意思机关，具有财产独立性与责任的独立性特征

D. 商法人是法人的一种，但更是一个组织体，所以其成立时只要符合实体要件即可，程序上没有要求

3. 依照法律授权或法律设定的要件、程序和方式，商主体可分为：（　　）。

A. 商个人、商法人、拟制商人、表见商人

B. 商合伙、大商人、小商人、完全商人

C. 法定商人、注册商人、任意商人

D. 个体经营者、企业、商业使用人

4. 2024 年 6 月，刘璋向顾谐借款 50 万元用来炒股，借期 1 个月，结果恰遇股市动荡，刘璋到期不能还款。经查明，刘璋为某普通合伙企业的合伙人，持有 44% 的合伙份额。对此，下列哪些说法是正确的？(　　)

A. 顾谐可主张以刘璋自该合伙企业中所分取的收益来清偿债务

B. 顾谐可主张对刘璋合伙份额进行强制执行

C. 对刘璋的合伙份额进行强制执行时，其他合伙人不享有优先购买权

D. 顾谐可直接向合伙企业要求对刘璋进行退伙处理，并以退伙结算所得来清偿债务

5. 某律师事务所是一家采取特殊普通合伙形式设立的律师事务所，曾君、郭昌是其中的两名合伙人。在一次由曾君主办、郭昌辅办的诉讼代理业务中，因二人的重大过失而泄露了客户的商业秘密，导致该所应对客户承担巨额赔偿责任。关于该客户的求偿，下列哪些说法是正确的？(　　)

A. 向该所主张全部赔偿责任

B. 向曾君主张无限连带赔偿责任

C. 向郭昌主张补充赔偿责任

D. 向该所其他合伙人主张连带赔偿责任

6. 雀凰投资是有限合伙企业，从事私募股权投资活动。2024 年 3 月，三江有限公司决定入伙雀凰投资，成为其有限合伙人。对此，下列哪些选项是错误的？（　）

A. 如合伙协议无特别约定，则须经全体普通合伙人一致同意，三江公司才可成为新的有限合伙人

B. 对入伙前雀凰投资的对外负债，三江公司仅以实缴出资额为限承担责任

C. 三江公司入伙后，有权随时查阅雀凰投资的财务会计账簿

D. 如合伙协议无特别约定，则三江公司入伙后，原则上不得自营与雀凰投资相竞争的业务

7. 甲、乙、丙三人共同商定出资设立一家普通合伙企业，其中约定乙以其所有房屋的使用权出资，企业的财务由甲负责。2024 年 4 月，该合伙企业亏损巨大。5 月，见股市大涨，在丙不知情的情况下，甲与乙直接将企业账户中的 400 万元资金，以企业名义委托给某投资机构来进行股市投资。同时，乙自己也将上述房屋以 600 万元变卖并过户给丁，房款全部用来炒股。至 6 月下旬，投入股市资金所剩无几。丙得知情况后突发脑出血死亡。请回答第（1）～（3）题。

（1）关于甲、乙将 400 万元资金委托投资股市的行为，下列说法正确的是（　　）。

A. 属于无权处分行为

B. 属于改变合伙企业经营范围的行为

C. 就委托投资失败，甲、乙应负连带赔偿责任

D. 就委托投资失败，该受托的投资机构须承担连带责任

（2）关于乙将房屋出卖的行为，下列选项正确的是（　　）。

A. 构成无权处分行为

B. 丁取得该房屋所有权

C. 丁无权要求合伙企业搬出该房屋

D. 乙对合伙企业应承担违约责任

（3）假设丙有继承人戊，则就戊的权利，下列说法错误的是（　　）。

A. 自丙死亡之时起，戊即取得该合伙企业的合伙人资格

B. 因合伙企业账面上已处于亏损状态，戊可要求解散合伙企业并进行清算

C. 就甲委托投资股市而失败的行为，戊可直接向甲主张赔偿

D. 就乙出卖房屋而给企业造成的损失，戊可直接向乙主张赔偿

8. 王某、张某、田某、朱某共同出资 180 万元，于 2024 年 8 月成立绿园商贸中心（普通合伙）。其中王某、张某各出资 40 万元，田某、朱某各出资 50 万元；就合伙事务的执行，合伙协议未特别约定。请回答第（1）～（3）题。

（1）2024 年 9 月，鉴于王某、张某业务能力不足，经合伙人会议决定，王某不再享有对外签约权，而张某的对外签约权仅限于每笔交易额 3 万元以下。关于该合伙人决议，下列选项正确的是（　　）。

A. 因违反合伙人平等原则，剥夺王某对外签约权的决议应为无效

B. 王某可以此为由向其他合伙人主张赔偿其损失

C. 张某此后对外签约的标的额超过 3 万元时，须事先征得王某、田某、朱某的同意

D. 对张某的签约权限制，不得对抗善意相对人

（2）2025 年 1 月，田某以合伙企业的名义，自京顺公司订购价值 80 万元的节日礼品，准备在春节前转销给某单位。但对这一礼品订购合同的签订，朱某提出异议。就此，下列选项正确的是（　　）。

A. 因对合伙企业来说，该合同标的额较大，故田某在签约前应取得朱某的同意

B. 朱某的异议不影响该合同的效力

C. 就田某的签约行为所产生的债务，王某无须承担无限连带责任

D. 就田某的签约行为所产生的债务，朱某须承担无限连带责任

(3) 2025 年 4 月，朱某因抄底买房，向刘某借款 50 万元，约定借期四个月。四个月后，因房地产市场不景气，朱某亏损不能还债。关于刘某对朱某实现债权，下列选项正确的是（　　）。

A. 可代位行使朱某在合伙企业中的权利

B. 可就朱某在合伙企业中分得的收益主张清偿

C. 可申请对朱某的合伙财产份额进行强制执行

D. 就朱某的合伙份额享有优先受偿权

名词解释

1. 商主体

2. 商法人

3. 商事主体资格

简答题

1. 简述我国的商法人制度。

2. 简述商事主体法定原则。

论述题

试述商事主体的商事能力及其特殊限制。

第三章　商事行为

基础知识图解

商事行为
- 概述
  - 概念：商主体所从事的以营利为目的的行为
  - 特征：以营利为目的；经营性的；体现商事交易特点
  - 分类：双方商行为与单方商行为、绝对商行为与相对商行为、一般商事行为与特殊商事行为、基本商事行为与辅助商事行为、必然商事行为与推定商事行为
- 一般商行为
  - 概念：商事交易中具有共性的，受商法规则所调整的行为
  - 商法上的债权行为
  - 商法上的物权行为
- 特殊商行为
  - 概念：商事交易中具有个性的，受商事特别法或特殊规则或所调整的行为
  - 商事买卖、商事代理、商事行纪、商事信托等

配套测试

单项选择题

1. 商行为的特征是（　　）。

A. 商主体所为的以营利为目的的经营性行为

B. 以交易为目的的一切行为

C. 商人和非商人所为的商业行为

D. 商行为是保密性的行为

2. 在以下活动中不体现商事信用的有（　　）。

A. 商品销售　　B. 提供服务

C. 提供贷款　　D. 现金支付

名词解释

1. 商事代理

2. 商事行纪

3. 单方商行为

4. 融资租赁

5. 商事居间

6. 特许经营关系

7. 第三方支付

简答题

1. 简述特许经营法律关系。
2. 简述商事代理的特点。
3. 简述营业资产的特征及其分类。

论述题

试论商事行为的含义及其特征。

第四章　商事登记

基础知识图解

- 商事登记
  - 概述
    - 概念：是指商主体或商主体的筹办人，为了设立、变更或终止其主体资格，依照商事登记法规定的内容和程序，向登记机关提出申请，经审核后，将登记事项记载于登记簿的法律行为
    - 特征：要式法律行为；公法行为；可导致商主体的设立、变更和终止
  - 商事登记原则
  - 种类
    - 设立登记
    - 变更登记
    - 注销登记
  - 程序：申请；受理；审查；核准发照；公告
  - 登记的效力和监督管理

配套测试

单项选择题

1. 下列各项中，一般不属于商事登记的限制内容的是（　　）。

A. 主体的限制

B. 行为符合法律规定的一般要求

C. 行为符合法律规定的特殊要求

D. 商主体住所的限制

2. 我国商事登记的主管机关是（　　）。

A. 国家税务总局

B. 民政部和县级以上的地方各级民政部门

C. 国家市场监督管理总局

D. 各级人民政府

3. 下列各项中，不属于我国《市场主体登记管理条例》中规定的登记种类的是（　　）。

A. 设立登记

B. 变更登记

C. 注销登记

D. 分公司的设立登记

多项选择题

关于商事登记，下列哪些说法是正确的？(　　)

A. 公司的分支机构应办理营业登记

B. 被吊销营业执照的企业即丧失主体资格

C. 企业改变经营范围应办理变更登记

D. 企业未经清算不能办理注销登记

名词解释

1. 商事登记

2. 设立登记

3. 变更登记

简答题

1. 简述商业登记的特征。

2. 简述商事登记的原则。

论述题

试述商事外观主义和商事登记对第三人效力及其关系。

第五章　商号

基础知识图解

- 商号
  - 概述
    - 概念：商主体的商事名称
    - 与其他商事标记的区别
      - 商号与字号：字号指商号中的表彰商事主体的特殊文字，是商号的核心部分
      - 商号与注册商标
    - 商号的法律特征
  - 种类
    - 简单商号与组合商号
    - 独资商号与公司商号
    - 人名商号、物名商号与组合商号
    - 原始商号、派生商号与继获商号
  - 商号的取得与废除：商号的选定与限制
  - 商号的登记
  - 商号的废止
  - 商号权
  - 商号的转让与出借

配套测试

单项选择题

1. 以下不属于商号的法律特征的是（　　）。

A. 商号仅仅是一个名称，其本身不是法律上权利义务的承担者，不等于承担义务的行为人

B. 商号是商主体用于代表自己的名称，它依附于商主体，是商主体相互区别的重要外在标志

C. 是商主体在营业活动中使用的名称

D. 商号可以以文字、图形、数字及其组合的形态来表示

2. 不属于商号权特点的是（　　）。

A. 商号权具有保密性

B. 商号权具有区域限制性

C. 商号权具有可转让性

D. 商号权具有公开性

名词解释

1. 商号
2. 商标

简答题

1. 简述商业名称登记的效力。
2. 简述商业名称和商标的区别。

论述题

论商业名称权的性质。

第六章　商事账簿

基础知识图解

商事账簿
- 概述
  - 概念：商主体依法制作的表明其财产状况和经营状况的账簿
  - 特征：由商主体制作、设置多由法律规定
  - 设置的原则：强制原则；放任原则；折中原则
- 分类
  - 会计凭证
  - 会计账簿
  - 会计报表
- 法律关系及其效力与保管：核算、信息披露、管理、监督关系
- 违反商事账簿制作义务的法律后果

配套测试

单项选择题

1. 资产负债表是指反映公司在某一特定日期即月末、年末财务状况的会计报表。所反映的财务状况具体是指哪方面内容？（　　）

A. 公司全部资产、负债和损益

B. 公司全部资产、负债和资金变动

C. 公司全部资产、负债和收益分配

D. 公司全部资产、负债和所有者权益

2. 商事账簿是商主体为了表明其（　　）和经营状况而依法制作的账簿。

A. 组织状况　　B. 财产状况

C. 资金状况　　D. 人事状况

3. （　　）是指按照会计科目分类记载全部交易活动的账簿。

A. 日记账簿　　B. 分类账簿

C. 备查收账簿　　D. 序时账簿

名词解释

1. 商事账簿

2. 商事审计

简答题

简述商事账簿的种类及其效力。

第七章　公司与公司法概述

基础知识图解

公司与公司法概述
- 概念：公司是指一般以营利为目的，从事商业经营活动或为某些目的而成立的组织
- 特征
  - 营利性、社团性、法人性
  - 公司法的概念：是调整公司在设立、组织、活动和解散的过程中所发生的社会关系的法律
  - 公司法的调整对象：公司的全部组织关系、公司的部分经营关系
  - 公司法的性质与特征：组织法、公法化的私法、国家管理公司的行为规范

配套测试

单项选择题

1. 某市7家全民所有制企业共同发起成立了属于集体所有制性质的江城实业集团有限责任公司。该公司的管理应适用（　　）。

A.《公司法》

B.《城镇集体所有制企业条例》

C.《全民所有制工业企业法》

D.《上市公司信息披露管理办法》

2.《公司法》是规定（　　）。

A. 公司的设立、组织以及对内、对外关系的法律

B. 公司的设立、组织和解散的法律

C. 公司的设立、组织活动和解散以及其他与公司组织有关的对内、对外关系的法律规范的总称

D. 公司的设立、组织、解散以及对内、对外关系的法律规范

3. 公司集团（　　）。

A. 具有行政管理职能

B. 具有独立法人地位

C. 不具有控制关系的特征

D. 不具有法人资格

4. 伟人集团（股份有限公司）经批准设立了一分公司，该分公司所欠债务，应（　　）。

A. 由该分公司独立承担

B. 由该分公司承担，伟人集团承担连带责任

C. 由伟人集团承担

D. 由伟人集团宣布该债务无效

5. 美国柯达公司因看好中国市场前景，遂建立一分支机构，并向该分支机构拨付了与其从事的经营活动相适应的资金。当该分支机构所签订的合同被宣告无效后，该无效责任由（　　）承担。

A. 分支机构

B. 柯达公司

C. 先由分支机构承担，不足的可由柯达公司承担

D. 由分支机构与柯达公司承担连带责任

6. 长城有限责任公司的下属分公司以自己的名义对外签订的合同，其法律效力（　　）。

A. 无效

B. 有效，其责任由分公司独立承担

C. 有效，其责任由长城有限责任公司承担

D. 有效，其责任由分公司承担，长城有限责任公司负连带责任

7. 有限责任公司的股东是以（　　）为限对公司承担责任，公司是以（　　）对公司债务承担责任。

A. 个人全部财产；其特定财产

B. 认缴的出资额；其全部财产

C. 认缴的出资额；其经营资产

D. 其个人全部财产；其全部资产

8. 甲、乙、丙、丁成立一普通合伙企业，一年后甲转为有限合伙人。此前，合伙企业欠银行债务 30 万元，该债务直至合伙企业因严重资不抵债被宣告破产仍未偿还。对该 30 万元银行债务的偿还，下列哪一选项是正确的？（　　）

A. 乙、丙、丁应按合伙份额对该笔债务承担清偿责任，甲无须承担责任

B. 各合伙人均应对该笔债务承担无限连带责任

C. 乙、丙、丁应对该笔债务承担无限连带责任，甲无须承担责任

D. 合伙企业已宣告破产，债务归于消灭，各合伙人无须偿还该笔债务

9. 国有独资公司（　　）。

A. 只设董事会　　B. 不设股东会

C. 只设监事会　　D. 设监事会和董事会

10. 赵、钱、孙、李、陈五人共同投资 1000 万元人民币，设立蓝天化工股份有限公司。该公司注册资本分为 1000 万股，每股 1 元人民币。赵、钱、孙三人分别持有 300 万股，李、陈二人分别持有 50 万股。该公司运营中的债务应由（　　）。

A. 赵、钱、孙、李、陈五股东共同承担

B. 公司以注册资本为限承担

C. 公司与股东共同承担

D. 公司以其全部资产承担

11. 美国一家以生产服装为主的知名公司，为开拓国际市场，方便业务往来，现拟在我国的几个大城市各设立一个办事处。下列表述中符合我国公司法规定的一项是（　　）。

A. 该美国公司设立办事处，可经批准后，领取营业执照

B. 为方便业务往来，该美国公司在办事处名称中未标明美国国籍

C. 该美国公司在申请时提出各个办事处的活动不受该美国公司因合并、分立或破产、歇业而终止的影响

D. 该办事处因经营活动而产生的对外债务以该美国公司拨付的资金为限来承担

12. 玮平公司是一家从事家具贸易的有限责任公司，注册地在北京，股东为张某、刘某、姜某、方某四人。公司成立两年后，拟设立分公司或子公司以开拓市场。对此，下列哪一表述是正确的？(　　)

A. 在北京市设立分公司，不必申领分公司营业执照

B. 在北京市以外设立分公司，须经登记并领取营业执照，且须独立承担民事责任

C. 在北京市以外设立分公司，其负责人只能由张某、刘某、姜某、方某中的一人担任

D. 在北京市以外设立子公司，即使是全资子公司，亦须独立承担民事责任

13. 植根农业是北方省份一家从事农产品加工的公司。为拓宽市场，该公司在南方某省分别设立甲分公司与乙分公司。关于分公司的法律地位与责任，下列哪一选项是错误的？(　　)

A. 甲分公司的负责人在分公司经营范围内，当然享有以植根公司名义对外签订合同的权利

B. 植根公司的债权人在植根公司直接管理的财产不能清偿债务时，可主张强制执行各分公司的财产

C. 甲分公司的债权人在甲分公司直接管理的财产不能清偿债务时，可主张强制执行植根公司的财产

D. 乙分公司的债权人在乙分公司直接管理的财产不能清偿债务时，不得主张强制执行甲分公司直接管理的财产

多项选择题

1. 张某向陈某借款 50 万元作为出资，与李某、王某成立一家普通合伙企业。二年后借款到期，张某无力还款。对此，下列哪些说法是正确的？(　　)

A. 经李某和王某同意，张某可将自己的财产份额作价转让给陈某，以抵销部分债务

B. 张某可不经李某和王某同意，将其在合伙中的份额进行出质，用获得的贷款偿还债务

C. 陈某可直接要求法院强制执行张某在合伙企业中的财产以实现自己的债权

D. 陈某可要求李某和王某对张某的债务承担连带责任

2. 某外国公司驻北京办事处的以下行为中，哪些违反了我国公司法的规定？(　　)

A. 办事处未置备该外国公司的章程

B. 办事处在与它的中国雇员签订的劳动合同中约定，雇员对办事处要求支付报酬的请求，不得诉及该外国公司

C. 办事处在该外国公司被所在国法院宣告破产后，仍继续在中国从事经营活动

D. 该外国公司撤销该办事处时，先将其资金汇出中国境外，而后办理解散清算手续

3. 国家出资公司是指国家出资的国有独资公司、国有资本控股公司，该类公司不可采取何种类型？(　　)

A. 无限公司

B. 有限责任公司

C. 股份有限公司

D. 两合公司

4. 下列行为违反《公司法》关于股份有限公司规定的是（　　）。

A. 公司采用无面额股，并将发行股份所得股款的 1/3 计入注册资本

B. 为解决增资问题而召开临时会议时，会议决定更换一不合格的董事

C. 公司成立大会召开之日，公司向股东交付了股票

D. 某公司为提升自己股票的市场价格，在经全体股东会作出决议，收购本公司股票

不定项选择题

A 公司是一家由国家授权投资的机构单独投资设立的国有独资公司，A 公司向律师咨询关于定位以及经营管理的问题。

（1）关于 A 公司的性质问题，（　　）说法是正确的。

A. A 公司是有限责任公司

B. A 公司不是有限责任公司

C. A 公司是股份有限公司

D. A 公司是上市公司

（2）关于国家出资公司的投资主体问题，（　　）说法是正确的。

A. 可以是国家单独投资

B. 可以是国有资本控股公司

C. 可以是国有企业

D. 可以是多元投资主体，但是国有投资主体要控股

（3）A 公司的公司章程是由（　　）制定和批准的。

A. 履行出资人职责的机构

B. 公司的董事会

C. 公司的股东会

D. 公司的监事会

（4）A 公司的董事会的职权主要有（　　）。

A. 行使股东会的部分职权，决定公司的一些重大事项

B. 决定公司的合并、分立

C. 决定公司的经营计划和投资方案

D. 决定公司内部管理机构的设置

（5）A 公司董事会成员的有关规定，（　　）是正确的。

A. 董事会成员中应当有公司职工民主选举的职工代表

B. 董事长由国有资产监督管理机构从董事会成员中指定

C. 副董事长由国有资产监督管理机构从董事会成员中指定

D. 国有独资公司的董事，经过国有资产监督管理机构同意，可以在其他有限责任公司、股份有限公司或者其他经济组织兼职

名词解释

1. 公司

2. 一人公司

3. 无限责任公司

4. 股份有限公司

5. 有限责任公司

6. 上市公司

简答题

1. 简述公司的营利性特征。
2. 简述公司与合伙的区别。
3. 有限责任公司与股份有限公司的设立条件有何不同？

论述题

1. 试述公司法的调整对象。
2. 简述现代企业制度的特点和内容。
3. 试论公司法上的商业判断规则。

案例分析题

实业公司与王某签订承包协议由王某承包该公司在甲市设立的分公司，该分公司独立核算，作为一个独立的经济实体，法人代表为王某。实业公司为王某提供了办公地点和经营的一些合法手续。承包后，王某以实业公司的名义与物资供应公司签订了供货合同。合同订立后，王某找到实业公司办公室的李某弄到一张空白介绍信，私刻一枚实业公司的财务专用章，在某银行开设了账户，并通知实业公司将预付 25 万元汇入该账户。王某收到 25 万元之后，只供给价值 8 万元的货物，并退款 5 万元，余款提取后，即携款潜逃。物资供应公司找到实业公司要求返还货款，实业公司称，王某是实行独立核算的经济实体的承包人，王某的行为由甲市分公司负责。据查，甲市分公司是一个空壳公司，无注册资金，也无任何财产可供偿还。

请问：

（1）甲市分公司与实业公司是什么法律关系？

（2）实业公司认为，其对王某私立账户的行为不知情。且货款未交给公司，王某用欺诈手段订立的合同无效，其行为与实业公司无关，问：王某与物资供应公司之间的合同是否有效？

（3）物资供应公司是否有权要求实业公司承担责任？

第八章　公司的设立

基础知识图解

- 公司的设立
  - 概述
    - 概念：是指发起人为组建公司，使其取得法人资格，必须采取和完成的多种连续的准备活动
    - 方式：发起设立和募集设立
    - 设立的条件：发起人、资本和设立行为
    - 设立的程序
    - 设立的效力
      - 成立时的效力
      - 不成立时的效力
  - 公司章程
    - 概念与作用
    - 记载事项
      - 绝对必要记载事项
      - 相对必要记载事项
      - 任意记载事项
  - 名称与住所
    - 名称：名称的选定及名称权的性质
    - 住所：住所的确定与法律意义

配套测试

单项选择题

1. 公司（　　），为公司成立日期。

A. 股款募足或缴足后

B. 营业执照签发日期

C. 成立大会召开之日

D. 成立大会结束之日

2. 依照我国公司法，公司的住所应当是（　　）。

A. 注册登记地

B. 主要股东住所地

C. 主要办事机构所在地

D. 公司设立发起地

3. 甲、乙、丙、丁、戊五人共同投资设立某股份有限公司，下列关于该公司设立的有关表述中，错误的是（　　）。

A. 甲、乙、丙、丁、戊可以选择发起设立或者募集设立

B. 若甲、乙、丙、丁、戊中有一人退出，其他人也能共同投资设立该股份有限公司

C. 若甲已经认购了公司股份总数的5%、乙认购了公司股份总数的10%、丙认购了公司股份总数的7%、丁认购了公司股份总数的3%、戊认购了公司股份总数的9%，则余下的股份可以向社会公开募集

D. 设立时甲、乙、丙、丁、戊中至少要有三个人在中国境内有住所

4. 某股份有限公司，于2024年8月28日由全体发起人制定的公司章程规定：公司采取募集设立方式。待募集期满后，该公司依法按时召开了成立大会，该成立大会于2025年3月25日结束。随后，该公司董事会便于4月15日向公司登记机关递交设立登记申请，公司登记机关于5月10日核准了该股份有限公司的登记申请，并于6月6日通知申请人，同时发给《企业法人营业执照》。该股份有限公司最迟应于什么时间内开业？（　　）

A. 2025年9月25日以前

B. 2025年8月10日以前

C. 2025年11月10日以前

D. 2025年12月6日以前

5. 公司的发起人、股东未交付货币、实物或未转移财产权，虚假出资，欺骗债权人和社会公众的，情节严重的，应处罚款的额度为（　　）。

A. 1万元以上10万元以下

B. 虚假出资或者未出资金额的5%以上15%以下

C. 1万元以上20万元以下

D. 虚假出资或者未出资金额的1%以上5%以下

6. 依照我国《公司法》规定，股东的出资方式不包括（　　）。

A. 劳务　　B. 知识产权

C. 土地使用权　　D. 股权和债权

7. 甲、乙、丙共同出资设立了有限责任公司，后丙与丁达成协议，准备将其在公司的股权全部转让给丁，甲、乙均不同意。下列解决方案中，不符合公司法规定的有（　　）。

A. 由甲或乙购买丙的股权

B. 由甲和乙共同购买丙的股权

C. 如果甲、乙均不愿购买，则丙无权将股权转让给丁

D. 如果甲、乙均不愿购买，则丙有权将股权转让给丁

8. 李某、张某、王某分别出资14万元、16万元和70万元成立了一家专门从事水产品加工制造的有限责任公司。其中李某和张某的出资为现金，王某的出资为房产。公司成立后，公司的经营极为红火，而原有的投资已经不能扩大再生产，于是又吸收刘某的现金出资20万元。后来竞争加剧导致企业负债累累，被债权人告上法庭。法院在执行过程中查明，王某作为出资的房产价值仅有35万元。又查明，王某可供执行的个人财产有20万元。依照我国公司法的规定，对此应当如何处理？（　　）

A. 王某以其现有的20万元补足差额，不足部分（15万元）等到他有其他财产可供执行时再行补足

B. 王某以现有的20万元补足差额，不足部分由李某承担7万元，张某承担8万元

C. 王某以现有的20万元补足差额，不足部分由李某、张某和刘某承担连带责任

D. 王某以现有的20万元补足差额，不足部分由李某和张某承担连带责任

9. 以募集方式设立股份有限公司的，认股人从（　　）起不能抽回其出资。

A. 认购股份之后　　B. 缴付出资之后

C. 公司成立大会召开之后　　　　D. 公司成立之后

10. 发行股份的股款缴足后，发起人自股款缴足之日起（　　）内未召开成立大会的，认股人可以按照所缴股款并加算银行同期存款利息，要求发起人返还。

A. 10 日　　　　B. 15 日

C. 30 日　　　　D. 60 日

11. 依据《公司法》规定，某股份有限公司的成立大会在通过公司章程并选举董事会和监事会后，然后由哪一个机构或个人申请设立登记？（　　）

A. 董事会授权代表

B. 监事会

C. 全体股东指定的代表

D. 全体股东共同委托的代理人

12. 甲股份公司成立后，董事会对公司设立期间发生的各种费用如何承担发生了分歧。下列哪一项费用应当由发起人承担？（　　）

A. 发起人蒋某因公司设立事务而发生的宴请费用

B. 发起人李某就自己出资部分所产生的验资费用

C. 发起人钟某为论证公司要开发的项目而产生的调研费用

D. 发起人缪某值班时乱扔烟头将公司筹备组租用的房屋烧毁，筹备组为此向房主支付的 5 万元赔偿金

13. 李某和王某正在磋商物流公司的设立之事。通大公司出卖一批大货车，李某认为物流公司需要，便以自己的名义与通大公司签订了购买合同，通大公司交付了货车，但尚有 150 万元车款未收到。后物流公司未能设立。关于本案，下列哪一说法是正确的？（　　）

A. 通大公司可以向王某提出付款请求

B. 通大公司只能请求李某支付车款

C. 李某、王某对通大公司的请求各承担 50%的责任

D. 李某、王某按拟定的出资比例向通大公司承担责任

14. 八家企业筹划建立股份有限公司，确定其资本总额为人民币 2100 万元，6 家发起企业认购 800 万元股份，其余向社会公开募股。其中发起人甲厂作为出资的厂房需要装修，于是由发起人协商成立股份有限公司筹建处专门订做了一批装饰材料，价值 140 万元。该公司筹建组经批准进行公开募股，但四个月募股期过后只筹集了 1000 万元，公司无法成立。此时，二七塑料公司的 140 万元装饰材料费应由（　　）承担。

A. 甲厂

B. 作为发起人的八家企业连带

C. 谁都不承担

D. 发起人按出资比例

15. 某股份有限公司经批准向社会公开募集股份，但超过招股说明书规定的截止日期只募集了其应发行股份的 80%，下列说法正确的是哪一项？（　　）

A. 可以由发起人召开成立大会决议设立公司

B. 可以由认股人召开成立大会决议设立公司

C. 认股人可以要求发行人返还所缴股款并加算银行同期利息

D. 可以向审批机关申请延长 30 天募股期

16. 张某与潘某欲共同设立一家有限责任公司。关于公司的设立，下列哪一说法是错误的？（　　）

A. 张某、潘某签订公司设立书面协议可代替制定公司章程

B. 公司的注册资本缴纳期限可约定为 5 年
C. 公司可以张某姓名作为公司名称
D. 张某、潘某二人可约定以潘某住所作为公司住所

多项选择题

1. 张某为避免合作矛盾与问题，不想与人合伙或合股办企业，欲自己单干。朋友对此提出以下建议，其中哪一建议是错误的？(　　)
A. 可选择开办独资企业，也可选择开办一人有限公司
B. 如选择开办一人公司，那么注册资本不能少于 10 万元
C. 如选择开办独资企业，则必须自己进行经营管理
D. 可同时设立一家一人公司和一家独资企业
2. 关于股份有限公司的设立，下列哪些表述符合《公司法》规定？(　　)
A. 股份有限公司的发起人最多为 200 人
B. 发起人之间的关系性质属于合伙关系
C. 采取募集方式设立时，发起人不能分期缴纳出资
D. 发起人之间如发生纠纷，该纠纷的解决应当同时适用《民法典》合同编和《公司法》
3. 甲、乙、丙、丁以合伙企业形式开了一家餐馆。就该合伙企业事务的执行，下列哪些表述是正确的？(　　)
A. 如合伙协议未约定，则甲等四人均享有对外签约权
B. 甲等四人可决定任命丙为该企业的对外签约权人
C. 不享有合伙事务执行权的合伙人，以企业名义对外签订的合同一律无效
D. 不享有合伙事务执行权的合伙人，经其他合伙人一致同意，可担任企业的经营管理人
4. 依据《公司法》的规定，下列选项中（　　）属于成立大会行使的职权。
A. 选举董事和监事
B. 选举董事长、副董事长
C. 根据情况作出不设立公司的决议
D. 审核发起人非货币财产出资的作价
5. 在股份有限公司的设立中，发起人应当承担的责任是（　　）。
A. 公司不能设立时，发起人对设立行为所产生的债务和费用负连带责任
B. 公司成立后，发起人对公司在设立时的债务和费用承担相当的责任
C. 公司不能设立时，对认股人已缴纳的股款，负返还股款并加算银行同期存款利息的连带责任
D. 发起人为设立公司以自己的名义从事民事活动产生的责任，第三人请求发起人承担
6. 甲、乙、丙等拟以募集方式设立厚亿股份公司。经过较长时间的筹备，公司设立的各项事务逐渐完成，现大股东甲准备组织召开公司成立大会。下列哪些表述是正确的？(　　)
A. 厚亿公司的章程应在成立大会上通过
B. 甲、乙、丙等出资的验资证明应由成立大会审核
C. 厚亿公司的经营方针应在成立大会上决定
D. 设立厚亿公司的各种费用应由成立大会审核

不定项选择题

A公司等5家发起人协议决定通过募集方式设立以高新技术产业为主要经营范围的科技股份有限公司。公司拟筹集股本总额2亿元人民币，并决定发起人认购的部分和向社会公开发行的部分依公司法规定的比例办理。A公司作为发起人和第一大股东，准备以厂房、机器设备、专利技术和土地使用权作出资。请回答以下问题：

（1）为贯彻公平、公开、公正的原则，以募集方式设立的科技股份有限公司之发起人，必须依法制作招股说明书。招股说明书上必须记载的事项有哪些？（　　）

A. 募集资金的用途

B. 发行的股份总数

C. 面额股的票面金额和发行价格或者无面额股的发行价格、本次募股的起止日期

D. 认股人的权利和义务

（2）有关成立大会以下说法正确的是（　　）。

A. 发起人应当在公司设立时应发行股份的股款缴足后30日内召开公司成立大会

B. 发起人应当在成立大会召开15日前将会议日期通知各认股人或者予以公告

C. 成立大会应当有持有表决权过半数的认股人出席方可举行

D. 成立大会行使职权进行决议时，应当经出席会议的认股人所持表决权的过半数通过

名词解释

1. 发起设立

2. 募集设立

简答题

1. 简述公司设立与公司成立的区别。

2. 简析我国《公司法》第107条规定，股份有限公司设立时的股东在公司未成立时，设立时的股东如何承担设立行为的法律后果。

论述题

试论公司章程。

案例分析题

1. 某市三个有限公司共同投资设立有限责任公司，以批发工业品为主要业务，甲公司出资10万元，乙公司提供场地，实际估价20万元，但乙公司虚报为价值30万元，丙公司是市政府下属企业，出资10万元现金，同时利用其和市政府的特殊关系，作价为20万元，计折合股份总额30万元。并按以上出资额约定分成比例，于是新成立的有限责任公司以注册资本70万元登记，取得营业执照。

请问：

（1）该有限公司能否成立？

（2）丙公司能否以其和市政府之间的特殊关系作为出资？乙的出资是否符合法律规定？

2. 某大型国有企业A，欲转换经营机制，与省外的国有企业B、C共同筹划设立一股份有限公司，经省级人民政府批准，并经国务院证券管理部门同意后，成立募集小组，着手建立股份有

限公司。

该募集小组在清产核资，清理债权债务、界定产权、评估资产后，制作了公司章程。将公司资本总额确定为6000万元，A、B、C作为发起人认购2000万元，其中A以其土地使用权和车间整体作价500万元（实际价为550万元），B、C则以其所分别持有的商标权和专利技术共同作价1500万元，作为对新设公司的投资。随后，募集小组制作招股说明书，进行公开募股；募股期间，A、B、C三家企业积极准备公司设立的各项工作，考虑到公司成立后扩大其产业的需要，经过协商，由募集小组以新设公司的名义向某机械厂订购一批生产设备，共计200万元，并向该机械厂承诺待股份有限公司一成立，立即一次付清货款。由于准备工作繁多，招股期满后的半个月后才主持召开成立大会，股东纷纷要求退股，另加算同期银行利息。该机械厂则因货款迟迟不能给付将A、B、C三企业诉至法院。请根据《公司法》回答下列问题。

请问：

（1）A、B、C三企业在设立股份有限公司的过程中有哪些做法不符合法律的规定？该股份有限公司在设立过程中多次违反法律的规定，主要有哪些？

（2）募集小组在筹建过程中以股份有限公司名义签订的合同是否有效？该合同的法律后果应由谁承担？

（3）本例中，如该股份有限公司未能成立，A、B、C三企业应承担哪些责任？如何承担？

3. 甲公司欲作为发起人募集设立一股份有限公司，其拟定的基本构想包括以下内容：（1）7个发起人中有4个住所地在境外的发起人，这为公司的国际化打下良好的基础；（2）公司的注册资本是8000万元，其中7个发起人认购2500万元，由于公司所选项目有非常好的发展前景，其余的5500万元向社会公开募集；（3）由于是募集设立的股份有限公司，因此所有的出资必须是货币；（4）认股人在缴纳股款后，在任何情况下，都不可以要求发起人返还股款；（5）如果公司不能设立，发起人和缴足股款的认股人会共同承担相应的法律责任。

请问：甲公司拟定的基本构想中哪些不符合法律规定？

4. 甲公司签发金额为1000万元、到期日为2024年5月30日、付款人为大满公司的汇票一张，向乙公司购买A楼房。甲乙双方同时约定：汇票承兑前，A楼房不过户。

其后，甲公司以A楼房作价1000万元、丙公司以现金1000万元出资共同设立丁公司。某会计师事务所将未过户的A楼房作为甲公司对丁公司的出资予以验资。丁公司成立后占有使用A楼房。

2023年9月，丙公司欲退出丁公司。经甲公司、丙公司协商达成协议：丙公司从丁公司取得退款1000万元后退出丁公司；但顾及公司的稳定性，丙公司仍为丁公司名义上的股东，其原持有丁公司50%的股份，名义上仍由丙公司持有40%，其余10%由丁公司总经理贾某持有，贾某暂付200万元给丙公司以获得上述10%的股权。丙公司依此协议获款后退出，据此，丁公司变更登记为：甲公司、丙公司、贾某分别持有50%、40%和10%的股权；注册资本仍为2000万元。

丙公司退出后，甲公司要求丁公司为其贷款提供担保，在丙公司代表未到会、贾某反对的情况下，丁公司股东会通过了该担保议案。丁公司遂为甲公司从B银行借款500万元提供了连带责任保证担保，同时，乙公司亦将其持有的上述1000万元汇票背书转让给陈某。陈某要求丁公司提供担保，丁公司在汇票上签注："同意担保，但A楼房应过户到本公司。"陈某向大满公司提示承兑该汇票时，大满公司在汇票上批注："承兑，到期丁公司不垮则付款。"

2024年6月5日，丁公司向法院申请破产获受理并被宣告破产。债权申报期间，陈某以汇票未获兑付为由、贾某以替丁公司代垫了200万元退股款为由向清算组申报债权，B银行也以丁公司应负担保责任为由申报债权并要求对A楼房行使优先受偿权。同时乙公司就A楼房向清算组申请行使取回权。

请问：

（1）丁公司的设立是否有效？为什么？

（2）丙公司退出丁公司的做法是否合法？为什么？

（3）丁公司股东会关于为甲公司提供担保的决议是否有效？为什么？

（4）陈某和贾某所申报的债权是否构成破产债权？为什么？

（5）B 银行和乙公司的请求是否应当支持？为什么？

（6）各债权人若在破产程序中得不到完全清偿，还可以向谁追索？他们各自应承担什么责任？

第九章　公司的人格与能力

基础知识图解

公司的人格与能力
- 公司的人格独立：独立财产、独立名称、独立意思、独立责任
- 公司的人格否认：是指在具体的法律关系中，基于特定事由，否认公司的独立法人人格、使股东对公司债务承担无限责任
- 公司的权利能力与行为能力
  - 权利能力：因性质、法律规定、公司目的范围而受到限制
  - 行为能力

配套测试

单项选择题

1. 植根农业是北方省份一家从事农产品加工的公司。为拓宽市场，该公司在南方某省分别设立甲分公司与乙分公司。关于分公司的法律地位与责任，下列哪一选项是错误的？（　　）

A. 甲分公司的负责人在分公司经营范围内，当然享有以植根公司名义对外签订合同的权利

B. 植根公司的债权人在植根公司直接管理的财产不能清偿债务时，可主张强制执行各分公司的财产

C. 甲分公司的债权人在甲分公司直接管理的财产不能清偿债务时，可主张强制执行植根公司的财产

D. 乙分公司的债权人在乙分公司直接管理的财产不能清偿债务时，不得主张强制执行甲分公司直接管理的财产

2. 公司在经营活动中可以以自己的财产为他人提供担保。关于担保的表述中，下列哪一选项是正确的？（　　）

A. 公司经理可以决定为本公司的客户提供担保

B. 公司董事长可以决定为本公司的客户提供担保

C. 公司董事会可以决定为本公司的股东提供担保

D. 公司股东会可以决定为本公司的股东提供担保

3. 零盛公司的两个股东是甲公司和乙公司。甲公司持股70%并派员担任董事长，乙公司持股30%。后甲公司将零盛公司的资产全部用于甲公司的一个大型投资项目，待债权人丙公司要求零盛公司偿还货款时，发现零盛公司的资产不足以清偿。关于本案，下列哪一选项是正确的？（　　）

A. 甲公司对丙公司应承担清偿责任

B. 甲公司和乙公司按出资比例对丙公司承担清偿责任

C. 甲公司和乙公司对丙公司承担连带清偿责任

D. 丙公司只能通过零盛公司的破产程序来受偿

名词解释

公司债

论述题

1. 简述法人人格权。
2. 试述公司权利能力所受到的限制。

第十章　公司的资本制度

基础知识图解

- 公司的资本制度
  - 概述
    - 公司资本的概念：是指在公司成立时由章程所确定的由股东出资构成的公司财产总额
    - 资本制度的类型
      - 法定资本制
      - 授权资本制
      - 折中资本制
    - 资本原则
      - 资本确定原则
      - 资本维持原则
      - 资本不变原则
  - 公司资本的构成：货币出资；实物出资；无形财产出资
  - 出资与转让
  - 增资与减资
  - 股份与股票

配套测试

单项选择题

1. 股份有限公司经股东会决议将公积金转为资本时，按股东原有股份比例派送新股或者增加每股面值。但法定公积金转为资本时，所留存的该项公积金不得少于注册资本的多少比例？（　　）

A. 25%　　　　B. 20%

C. 30%　　　　D. 50%

2. 甲、乙、丙、丁四个投资者对资本确定原则有以下不同看法。其中，最能体现资本确定原则的是（　　）。

A. 由公司章程规定的资本总额必须由发起人和认股人全部认足或募足

B. 发起人对货币之外的出资价值负保证责任

C. 公司不得收购本公司的股票

D. 增加或者减少资本须经股东会决议通过

3. A 有限责任公司系一物流公司，有总资产 2000 万元，总负债为 500 万元。为扩展业务，经董事会决定，即日起实施下列方案，请问哪一项方案是合法的？（　　）

A. 以 A 公司的名义投资 500 万元，与 B 公司组成合伙企业

B. 以A公司的名义为A公司股东提供担保

C. 董事会决议表决，实行一股一票

D. 规定公司章程经2/3董事会成员同意可以修改

4. 有限责任公司列入公司法定公积金的比例是税后利润的（　　）。

A. 5%　　B. 7%

C. 10%　　D. 15%

5. 泰昌有限公司共有6个股东，公司成立两年后，决定增加注册资本500万元。下列哪一表述是正确的？（　　）

A. 股东会关于新增注册资本的决议，须经2/3以上股东同意

B. 股东认缴的新增出资额可分期缴纳

C. 股东有权要求按照认缴出资比例来认缴新增注册资本的出资

D. 一股东未履行其新增注册资本出资义务时，公司董事长须承担连带责任

6. 股份有限公司对增加注册资本作出决议，应（　　）。

A. 经出席会议的股东所持表决权的半数以上通过

B. 经全体股东的半数以上通过

C. 经出席会议的股东所持表决权的2/3以上通过

D. 经全体股东所持表决权的2/3以上通过

7. 某股份有限公司向社会发行了股票，并已上市。依据法律规定，该公司不可以收购本公司股票的情形是（　　）。

A. 为提高本公司股票市场价格而收购本公司股票

B. 为减少公司注册资本而收购本公司股票

C. 为奖励公司有突出贡献的人员而收购本公司股票并向其派发

D. 与持有本公司股份的其他公司合并

8. 某股份有限公司计划再次发行公司债券，该公司下列（　　）情形将构成国务院证券监督管理部门不予批准再次发行公司债券的原因。

A. 公司的总资产2亿元，净资产额4000万元

B. 公司前两年连续亏损，可是近3年连续盈利，其可分配利润足以支付公司债券1年利息

C. 由于公司突发事件，尽管公司的资金充足，但已发行的公司债券利息暂缓支付

D. 前一次已发行完毕的公司债券1000万元，此次申请发行500万元

9. 某有限责任公司申请其首次发行的公司债券上市交易，下列选项哪一项不符合公司债券上市的法定条件？（　　）

A. 该债券的期限为1年

B. 该债券的实际发行额为人民币8000万元，净资产额为人民币1.5亿元

C. 债券的利率没有超过国务院限定的利率水平

D. 该公司最近3年平均可分配利润不足以支付公司债券12个月的利息

10. 甲公司出资20万元、乙公司出资10万元共同设立丙公司。丁公司系甲公司的子公司。在丙公司经营过程中，甲公司多次利用其股东地位通过公司决议让丙公司以高于市场同等水平的价格从丁公司进货，致使丙公司产品因成本过高而严重滞销，造成公司亏损。下列哪一选项是正确的？（　　）

A. 丁公司应当对丙公司承担赔偿责任

B. 甲公司应当对乙公司承担赔偿责任

C. 甲公司应当对丙公司承担赔偿责任

D. 丁公司、甲公司共同对丙公司承担赔偿责任

11. 当公司的法定公积金不足以弥补上一年度公司亏损的，在依法提取法定公积金、法定公益金之前，应当先用（　　）弥补亏损。

A. 利润　　B. 任意公积金

C. 交税前的利润　　D. 法定公益金

12. 某股份有限公司注册资本为2000万元。公司现有法定公积金800万元，任意公积金400万元。现该公司拟以公积金700万元转为公司资本，进行增资派股。为此，公司的股东提出了下列几种建议，其中哪一种是符合《公司法》规定的？（　　）

A. 将法定公积金600万元，任意公积金100万元转为公司资本

B. 将法定公积金200万元，任意公积金200万元转为公司资本

C. 将法定公积金300万元，任意公积金400万元转为公司资本

D. 将法定公积金400万元，任意公积金300万元转为公司资本

13. 明华食品有限公司依我国《公司法》规定，从当年税后利润中提取10%作为公积金。董事会认为，该公积金的性质应认定为（　　）。

A. 盈余公积金　　B. 资本公积金

C. 住房公积金　　D. 风险基金

14. 某股份有限公司成立三年来效益较好，为扩大生产规模，公司召开股东会，作出决议向社会发行新股，并拟采取下列行为，（　　）不符合法律的规定。

A. 以溢价发行方式发行部分股票

B. 报国务院证券委批准，以低于股票票面价值的价格向公司发起人发行部分股票

C. 溢价发行的发行价格由发行人与承销的证券公司协商确定

D. 向法人发行的股票采取记名股票的形式，并记载该法人名称

15. 股票是一种（　　）。

A. 设权证券　　B. 有价证券

C. 非要式证券　　D. 非转让证券

16. 发行可转换为股票的公司债券，应当报请国务院证券监督管理机构核准。按照法律规定，发行可转换为股票的公司债券的主体是（　　）。

A. 股份有限公司

B. 上市公司

C. 国有企业转换的股份有限公司

D. 有限责任公司转换的股份有限公司

17. 某公司注册资本为500万元，该公司年终召开董事会研究公司财务问题。在该董事会的决议内容中，下列哪一项是不合法的？（　　）

A. 鉴于公司历年的法定公积金已达300万元，决定本年度不再提取法定公积金

B. 鉴于公司连年盈利，决定本年度税后利润依公司章程全部由股东按持股比例分配

C. 为扩大生产，将该公司历年的法定公积金全部用于转增股本

D. 公司合法转增部分的股本由各股东按原持股比例无偿取得

18. 甲、乙、丙成立一家科贸有限公司，约定公司注册资本100万元，甲、乙、丙各按20%、30%、50%的比例出资。甲、乙缴足了出资，丙仅实缴30万元。公司章程对于红利分配没有特别约定。当年年底公司进行分红。下列哪一说法是正确的？（　　）

A. 丙只能按30%的比例分红

B. 应按实缴注册资本80万元，由甲、乙、丙按各自的实际出资比例分红

C. 由于丙违反出资义务，其他股东可通过决议取消其当年分红资格

D. 丙有权按 50%的比例分红，但应当承担未足额出资的违约责任

19. 甲公司成立于 2023 年 4 月，注册资本为 1000 万元，文某是股东之一，持有 40%的股权。文某已实缴其出资的 30%，剩余出资按公司的章程规定，应在 2026 年 5 月缴足。2024 年 12 月，文某以其所持甲公司股权的 60%作为出资，评估作价为 200 万元，与唐某共同设立乙公司。对此，下列哪一选项是正确的？（　　）

A. 因实际出资尚未缴纳完毕，故文某对乙公司的股权出资存在权利瑕疵

B. 如甲公司经营不善，使文某用来出资的股权在 1 年后仅值 100 万元，则文某应补足差额

C. 如至 2026 年 5 月文某不缴纳其对甲公司的剩余出资，则甲公司有权要求其履行

D. 如至 2026 年 5 月文某不缴纳其对甲公司的剩余出资，则乙公司有权要求其履行

多项选择题

1. 甲、乙、丙三人是湘星公司股东，出资比例为 7 : 2 : 1，公司经营状况良好。为拓展业务，甲提议公司注册资本增资 1000 万元。关于该增资程序的有效完成，下列哪些说法是正确的？（　　）

A. 三位股东不必按原出资比例增资

B. 三位股东不必实际缴足增资

C. 公司不必修改公司章程

D. 公司不必办理变更登记

2. 发行公司债券和股份是公司筹措资金的两种主要手段，依据《公司法》的规定，两者相比，有以下哪些区别？（　　）

A. 公司债券持有人不论公司是否有盈余，均可请求约定利率的利息，但其所请求的利息仅限于这一约定利率，并且不能参加盈余的分配；股东则只有在公司有盈余时，才能请求股息和红利，并且除某些优先股外，所请求的股息和红利没有固定的比率

B. 公司债券持有人在公司债券清偿期届满时，即可请求清偿本金，而股东原则上不可能在公司存续期内请求清偿股款，只有在公司解散时，才能请求分配剩余财产

C. 公司债券持有人不参与公司经营管理；而股东是公司的成员，依法享有经营公司的权利；公司债券由公司债权人持有，因而不能自由流通转让、抵押和继承，而股份则可以自由流通转让、抵押、继承

D. 当公司解散时，公司债券持有人有权比任何公司股东优先得到债务清偿，而公司股东只有在优先清偿了公司债权人之后，才能请求清偿股本。并且，股东有依法请求分配公司剩余财产的权利，而债券持有人没有分享公司剩余财产的权利

3. 下列关于有限责任公司注册资本的说法，正确的是（　　）。

A. 属于在公司登记机关登记的全体股东认缴的出资额

B. 不同类型的有限责任公司，《公司法》规定了不同的最低限额

C. 在公司经营期间，不得减少

D. 在公司经营期间按法定的程序可对注册资本减少

4. 甲、乙出资设立注册资本为 400 万元的丙公司，章程规定：甲以现金出资 280 万元，乙以现金出资 40 万元，专利作价 40 万元，机器设备作为实物出资作价 40 万元。公司成立后，甲按期足额缴纳现金 280 万元，乙只缴纳了 20 万元现金，其专利的实际市场价额为 20 万元，机器设备虽然已实际移交给公司，但该设备属于丁所有，系丁委托乙保管。下列哪些选项是正确的？（　　）

A. 乙应当履行其余 20 万元现金出资的义务，并应当对给公司造成的损失承担赔偿责任

B. 乙应当补足其专利权出资的实际价额与作价金额之间的差额，甲对此承担连带责任

C. 丙公司应根据丁的请求向其返还机器设备

D. 甲、乙达成协议，可以通过减少资本程序免除乙对差额部分的出资责任

5. 根据《公司法》的规定，发起人、认股人缴纳股款或交付非货币财产出资后，在下列哪些情形下，可以抽回其股本？（　　）

A. 公司设立时应发行的股份未募足的

B. 发起人在发行股份的股款缴足后，在 15 天内未召开成立大会的

C. 成立大会决议不设立公司的

D. 发起人在发行股份的股款缴足后，在 30 天内未召开成立大会的

6. 以下属于公司法规定的对股份转让的限制的有哪些？（　　）

A. 公司公开发行股份前已发行的股份，自公司股票在证券交易所上市交易之日起 1 年内不得转让

B. 公司董事、监事以及高级管理人员持有的本公司的股份在任职期间每年转让的股份不得超过其所持有本公司股份总数的 25%

C. 公司持有本公司股票最长时间不得超过 10 日

D. 公司为减少注册资本而注销股份或者与持有本公司股票的公司合并时可以持有本公司股票

7. 某股份有限公司股本总额为 1.2 亿元，经营业绩向来不错。但该公司因一次投资失败导致亏损 5000 万元。则该情形构成以下哪些事件的法定原因？（　　）

A. 公司应当用法定公积金来弥补亏损

B. 国务院证监会决定暂停其股票上市

C. 公司应当在 2 个月内召开临时股东会

D. 其已经获准但还没有发行的 3500 万元债券应当立即停止发行

8. 下列有关股份有限公司股份转让行为中，哪些符合公司法的规定？（　　）

A. 公司在股票市场上收购本公司股票一批，作为给公司中高层管理者的奖励

B. 公司在证券市场上购得本公司股票一批，随后卖给非本公司董事的股民乙

C. 公司上市 1 年零 3 个月后，某发起人丙将其持有的本公司股份全部转让

D. 国家授权投资的机构将其持有的某公司股份全部转让给一家非国有企业

9. 《公司法》规定，公司成立后，发起人一般不得退股、不得抽回股本。但在下列哪些情况下，发起人可以抽回股本？（　　）

A. 募股期限届满时，发起人已缴足股款，但其社会公众股只募足公司股份总额的 65%

B. 发起人在发行的股款全部缴足后，因事务繁忙，共同决议将成立大会的召开推迟 2 个月

C. 由于受国家政策变化的影响，发起人决定召开成立大会时宣布不设立公司

D. 发起人在缴足股款后，得知由某证券经营机构包销的社会公众股只募足应募股份的 50%

10. 甲公司 2024 年的税后利润是 500 万元，注册资本为 3000 万元。则以下关于公积金提取说法正确的有：（　　）。

A. 应当提取 50 万元作为公司法定公积金

B. 甲公司的公积金不足以弥补以前年度亏损，则先用当年利润弥补亏损，再提取公积金

C. 假如甲公司在提取法定公积金时发现 2009 年及以前累计提取的公积金已经为 1550 万元，则可以不再提取 2025 年度的公积金

D. 在提取法定公积金后，经董事会决议可以提取任意公积金

11. 关于公司的财务行为，下列哪些选项是正确的？（　　）

A. 在会计年度终了时，公司须编制财务会计报告，并自行审计

B. 公司的法定公积金不足以弥补以前年度亏损时，则在提取本年度法定公积金之前，应先用当年利润弥补亏损

C. 公司可用其资本公积金来弥补公司的亏损

D. 公司可将法定公积金转为公司资本，但所留存的该项公积金不得少于转增前公司注册资本的25%

12. 甲、乙、丙共同出资设立了一有限责任公司，一年后，甲拟将其在公司的全部出资转让给丁，将股权转让的数量、价格、支付方式和期限等事项书面通知乙、丙，乙、丙不同意，下列解决方案中，符合《公司法》规定的有（　　）。

A. 在同等条件下，乙或丙有权购买甲拟转让给丁的出资

B. 在同等条件下，乙和丙有权优先按协商比例共同购买甲拟转让给丁的出资

C. 乙和丙自接到书面通知30日内未答复，甲无权将出资转让给丁

D. 乙和丙自接到书面通知30日内未答复，甲有权将出资转让给丁

13. 甲、乙、丙于2023年2月分别出资50万元、30万元、20万元设立一家有限责任公司，2024年6月查实甲的机器设备50万元在出资时仅值20万元，下列说法正确的是（　　）。

A. 甲的行为属于出资不实

B. 甲应补交其差额30万元

C. 如果甲的财产不足以足额缴纳出资，必须退出有限责任公司

D. 乙和丙应在甲出资不足的范围内承担连带责任

14. 下列股票转让行为，因违反《公司法》规定而归于无效的是（　　）。

A. 发起人在公司上市交易后一年内将股份转让给他人的

B. 公司监事离职后半年内，转让其所持公司股票

C. 法人仅以背书方式，将其持有的记名股票转让

D. 在依法设立的证券交易所转让股票的

15. 下列股份有限公司的股份转让行为中，（　　）不违反公司法的规定。

A. 在股东会召开前5日内进行的记名股票转让

B. 公司一发起人因家人急需现金，在公司上市交易1年内，将持有的本公司股票转让

C. 公司一董事辞去董事职务1年后，将其持有的股份转让

D. 公司监事在任职期间每年转让其所持有本公司股份总数的20%

16. 某律师事务所在向客户介绍股份有限公司募集设立的程序时，提出了相关的法律意见。其中哪些是正确的？（　　）

A. 以募集设立方式设立股份有限公司的，发起人认股的股份不得少于公司章程规定的公司设立时应发行股份总数的35%

B. 向社会公开募集前，必须签订两个协议：一是同证券经营机构签订承销协议，二是同银行签订代收股款协议

C. 发行股份完成后，应当持验资证明和其他文件办理公司设立登记，登记完成，取得营业执照后，应当召开公司成立大会

D. 公司成立大会召开时，如果持有公司股份的出席人员不足全部出资股东数的1/2，则会议不得举行

17. 股份公司采取纸面形式发行的股票应载明下列哪些事项方为有效？（　　）

A. 股票种类、票面金额及代表的股份数

B. 股票的编号及法定代表人的签名、公司的印章

C. 公司注册登记的名称

D. 公司成立的日期或者股票发行的时间

18. 甲、乙、丙、丁计划设立一家从事技术开发的天际有限责任公司，按照公司设立协议，甲以其持有的君则房地产开发有限公司20%的股权作为其出资。下列哪些情形会导致甲无法全面履行其出资义务？（　　）

A. 君则房地产开发有限公司章程中对该公司股权是否可用作对其他公司的出资形式没有明确规定

B. 甲对君则公司尚未履行完毕其出资义务

C. 甲已将其股权出质给其债权人戊

D. 甲以其股权作为出资转让给天际有限责任公司时，君则公司的另一股东已主张行使优先购买权

19. 张三、李四、王五成立天问投资咨询有限公司，张三、李四各以现金50万元出资，王五以价值20万元的办公设备出资。张三任公司董事长，李四任公司总经理。公司成立后，股东的下列哪些行为可构成股东抽逃出资？（　　）

A. 张三与自己所代表的公司签订一份虚假购货合同，以支付货款的名义，由天问投资咨询有限公司支付给自己50万元

B. 李四以公司总经理身份，与自己所控制的另一公司签订设备购置合同，将15万元的设备款虚报成65万元，并已由天问公司实际转账支付

C. 王五擅自将天问公司若干贵重设备拿回家

D. 3人决议制作虚假财务会计报表虚增利润，并进行分配

20. 顺昌有限公司等五家公司作为发起人，拟以募集方式设立一家股份有限公司。关于公开募集程序，下列哪些表述是正确的？（　　）

A. 发起人应与依法设立的证券公司签订承销协议，由其承销公开募集的股份

B. 证券公司应与银行签订协议，由该银行代收所发行股份的股款

C. 发行股份的股款缴足后，须经依法设立的验资机构验资并出具证明

D. 由发起人主持召开公司成立大会，选举董事、监事与公司总经理

不定项选择题

1. 朝歌服装有限责任公司注册资本为300万元，总负债为100万元，为扩大业务规模，该公司股东作出了一系列决议。请回答下列问题：

（1）与宏达销售有限公司共同组建一合伙企业，最多可投资（　　）。

A. 50万元

B. 100万元

C. 无限制

D. 朝歌服装有限责任公司不能投资组建合伙企业

（2）股东会决议与本公司经理张某订立一合同，购买其提供的一批服装，下述说法正确的是（　　）。

A. 该合同无效

B. 该合同有效

C. 只有章程规定，该合同才能有效

D. 该合同有效，因为是股东会决定

（3）向有关机关申请发行债券，下述说法正确的是（　　）。

A. 朝歌公司有申请权

B. 朝歌公司应先经董事会制订具体方案

C. 朝歌公司无权申请

D. 朝歌公司先向国务院证券管理部门申请

2. 某有限责任公司注册资本是 3000 万元，向法律顾问咨询财务方面的问题。请根据上述情况和下列各问中设定的条件回答问题：

（1）关于公司的财务会计报告问题，公司的工作人员有如下的认识，（　　）是正确的。

A. 公司的财务会计报告很重要，因此由股东会负责制作

B. 公司的财务会计报告是由一系列公司的财务会计报表及附属明细表组成的，其中包括资产负债表、损益表、财务状况变动表、财务状况说明书等

C. 公司的资产负债表是根据资产负债及所有者权益编制而成的，其中所有者权益是公司的未分配利润

D. 该公司应按公司章程规定的期限将财务会计报表送交各股东

（2）公司在对公司的利润和其他收益进行分配时，有许多意见，其中（　　）是符合法律规定的。

A. 公司在收益分配时应注意如果公司出现亏损时，必须用企业所得税的税后利润弥补，而不允许用税前利润进行弥补

B. 如果股东会同意，公司可以不提取法定公积金而进行股东的利润分配

C. 无论股东会是否同意，公司都不允许在不提取法定公积金的情况下进行股东的利润分配

D. 公司的法定公积金累计额达到公司注册资本的 50%时，可不再提取

（3）关于公积金的说法，（　　）是错误的。

A. 公司的公积金的用途主要是增加公司资本，弥补公司亏损

B. 公司将法定公积金转为资本时，计划留存公积金 300 万元，其他均转为资本

C. 公司因连续盈利，当法定公积金累计到 2000 万元时，可不再提取公积金

D. 法定公积金只包括盈余公积金、不包括资本公积金

（4）资本公积金的来源包括（　　）。

A. 公司的税后利润

B. 法定财产重估增值

C. 接受捐赠的价值

D. 公司的税前利润

（5）公司今年的税后利润为 1000 万元，则（　　）。

A. 提取的公积金不得超过 100 万元

B. 公司在从税后利润中提取法定公积金后，经董事会决议，可以提取任意公积金

C. 提取的公积金是 50 万元

D. 股东会或者董事会违反规定，在公司弥补亏损和提取法定公积金、法定公益金之前向股东分配利润的，不一定将违反规定分配的利润退还公司，但会被处 1 万元以上 10 万元以下的罚款

名词解释

1. 法定资本制

2. 授权资本制

3. 资本维持原则

4. 出资平等制

5. 普通股
6. 优先股
7. 记名股
8. 债券
9. 资本公积金

简答题

1. 股份有限公司股份转让及其限制。
2. 试评析授权资本制是现代公司资本制度的发展方向。
3. 简述股份的概念和特征。
4. 简述股票的概念和特点。
5. 根据我国公司法规定，简述允许公司回购股票的具体特殊情况以及公司持有自己股份不得享受哪些股东权利。
6. 简述资本充实原则。
7. 试述股票与公司债券的异同点。
8. 论述有限责任公司股权的转让。

论述题

1. 试论公司债（应当但不限于从定义、《公司法》规定的发行要件及发行程序等方面加以论述）。
2. 试述资本维持原则在我国《公司法》中的体现。
3. 简述我国公司公积金法律制度（说明概念、种类、范围和用途等）。
4. 论述我国公司法关于注册资本制度的改革及相关配套措施。
5. 论述股东会决议的瑕疵及其救济。

案例分析题

1. 海容文化用品公司系由甲、乙、丙、丁四位自然人和丰利印刷有限责任公司（以下简称丰利公司）共同发起设立，于2021年组建的股份有限公司（以下简称海容公司）。该公司注册资本为5000万元，总股本5000万股，其中甲、乙、丙、丁各持有500万股，丰利公司持有3000万股。海容公司2022年、2023年均为保本经营，2024年盈利500万元（税后利润）。2025年年初，公司董事会为2025年年度股东会拟定了以下两项议案：（1）决定以上年的500万元利润，按每10股送1股的比例向全体股东发放股票股利；（2）为海容公司取得银行贷款，拟以海容公司全体股东所持股份质押给银行。股东会的表决结果是，全体股东一致同意第1项议案；对于第2项议案，只有丰利公司赞成，甲、乙、丙、丁均投票反对。试分析上述两项议案是否可以实施，并说明理由。

2. 某国有独资公司为募集资金，拟申请发行公司债券。该公司净资产额为1亿元人民币，3年前发行1年期公司债券1000万元，2年前发行3年期公司债券1200万元，本次拟发行公司债券3000万元。本次发行的公司债券的利息为25%，公司准备用发行公司债券募集的资金的20%来弥补上一年度亏损。为发行公司债券，公司专门成立了公司债券发行委员会，负责本次公司债券的具体销售工作。

根据这些情况和下列各问题中设定的条件，该公司向自己的法律顾问提出了一些问题：

（1）为了迅速筹集资金，该公司准备吸收资金雄厚的自然人为股东。吸收新股东进入是否会影响公司发行公司债券？

（2）为了保证募集资金的充足，公司债券是否可以溢价发行？

（3）公司本次发行公司债券是否存在不合法之处？

3. 某公司增资扩股，甲股东以三辆重型自卸车作价90万元增资，车辆按时交付公司，公司也使用该车辆运营，但是因种种原因，始终未办理产权过户手续。公司因不能清偿到期债务，被债权人申请诉前财产保全，法院依法扣押了该公司的三辆自卸车，但是甲股东出面称这三辆车并没有过户，是自己的财产，不属于公司，不能被扣押。法院见甲股东有产权证书，只得解除保全。债权人继续追索，但是该公司没有足够的财产可以用于清偿，称有限公司只承担有限责任，现在公司的资产不足以清偿债务，债权人无权主张更多的清偿金额，债权人对此辩解不服。

请问：

（1）甲股东以三辆重型自卸车出资是否符合公司法的规定？

（2）债权人能否申请将该公司运营的三辆自卸车作诉前保全？

（3）公司股东的辩解有无法律依据？

（4）债权人若不服，有何救济方法？

4. 甲公司为上市公司，为一项工业投资项目筹集资金而发行新股。新股上市后，有股东发现，公司将所募集资金用于自建办公大楼，而招股说明书中载明其募集资金的用途是购买生产线设备，遂将此情况反映到董事会。董事会认为，所募资金用途变更已由董事会做出决议，且已经监事会和上级主管部门批准，是合法有效的。

请问：

（1）你认为甲公司行为是否违法？为什么？

（2）该行为对公司发行新股的计划将会有何影响？

（3）公司股东如何维护自己的权益？

5. 某大型国有企业A，欲转换经营机制，与省外的国有企业B、C共同筹划设立一股份有限公司，经省级人民政府批准，并经国务院证券管理部门同意后，成立募集小组，着手建立股份有限公司。

该募集小组在清产核资，清理债权债务、界定产权、评估资产后，制作了公司章程。将公司资本总额确定为6000万元，A、B、C作为发起人认购2000万元，其中A以其土地使用权和车间整体作价500万元（实际价为550万元），B、C则以其所分别持有的商标权和专利技术共同作价1500万元，作为对新设公司的投资。随后，募集小组制作招股说明书，进行公开募股；募股期间，A、B、C三家企业积极准备公司设立的各项工作，考虑到公司成立后扩大其产业的需要，经过协商，由募集小组以新设公司的名义向某机械厂订购一批生产设备，共计200万元，并向该机械厂承诺待股份有限公司一成立立即一次性付清货款。由于准备工作繁多，招股期满半个月后才主持召开成立大会，股东纷纷要求退股，另加算同期银行利息。该机械厂则因货款迟迟不能给付将A、B、C三企业诉至法院。请根据新公司法回答下列问题。

请问：

（1）A、B、C三企业在设立股份有限公司的过程中有哪些做法不符合法律的规定？该股份有限公司在设立过程中多次违反法律的规定，主要有哪些？

（2）募集小组在筹建过程中以股份有限公司名义签订的合同是否有效？该合同的法律后果应由谁承担？

（3）本例中，如该股份有限公司未能成立，A、B、C三企业应承担哪些责任？如何承担？

第十一章　股东与股权

基础知识图解

股东与股权
- 股东
  - 股东概述
  - 股东的法律地位：享有股东权、股东平等原则
  - 股东的权利与义务
- 股权
  - 概念和种类：自益权与共益权；固有权与非固有权
  - 股权的性质：股权所有权说、股权债权说
  - 股权的行使

配套测试

单项选择题

1. 汪某为兴荣有限责任公司的股东，持股34%。2025年5月，汪某因不能偿还永平公司的货款，永平公司向法院申请强制执行汪某在兴荣公司的股权。关于本案，下列哪一选项是正确的？（　）

A. 永平公司在申请强制执行汪某的股权时，应通知兴荣公司的其他股东

B. 兴荣公司的其他股东自通知之日起1个月内，可主张行使优先购买权

C. 如汪某所持股权的50%在价值上即可清偿债务，则永平公司不得强制执行其全部股权

D. 如在股权强制拍卖中由丁某拍定，则丁某取得汪某股权的时间为变更登记办理完毕时

2. 以下关于公司财务会计报告公布的说法正确的是（　　）。

A. 股份有限公司的财务会计报告应当按照公司章程规定的期限内送交各股东

B. 以发起设立方式成立的股份有限公司应当公告其财务会计报告

C. 有限责任公司的财务会计报告应当在召开股东会前的20日置备于该公司供股东查询

D. 以募集方式成立的股份有限公司应当公告其财务会计报告

3. 公司法中关于保护债权人利益有一系列规定，在下列的规范中，哪一个目的主要不是在于保护债权人的利益？（　　）

A. 有限责任公司在公司登记成立后，不得抽回出资

B. 在公司弥补亏损和提取法定公积金前，不得向股东分配利润

C. 公司应当自作出减资决议之日起10日内通知债权人，并于30日内在报纸上公告

D. 股份公司应该将财务会计报告置备于本公司

4. 上市公司必须按照法律、行政法规的规定，公开其财务状况，在每会计年度内（　　）。

A. 半年公布一次财务会计报告

B. 1年公布一次财务会计报告

C. 1个季度公布一次财务会计报告

D. 1个月公布一次财务会计报告

5. 关于股东的表述，下列哪一选项是正确的？（　　）

A. 股东应当具有完全民事行为能力

B. 股东资格可以作为遗产继承

C. 非法人组织不能成为公司的股东

D. 外国自然人不能成为我国公司的股东

6. 甲与乙为一有限责任公司股东，甲为董事长。2025年4月，一次出差途中遭遇车祸，甲与乙同时遇难。关于甲、乙股东资格的继承，下列哪一表述是错误的？（　　）

A. 在公司章程未特别规定时，甲、乙的继承人均可主张股东资格继承

B. 在公司章程未特别规定时，甲的继承人可以主张继承股东资格与董事长职位

C. 公司章程可以规定甲、乙的继承人继承股东资格的条件

D. 公司章程可以规定甲、乙的继承人不得继承股东资格

7. 甲、乙、丙是某有限公司的股东，各占52%、22%、26%的股份。乙欲对外转让其所拥有的股份，丙表示同意，甲表示反对，但又不愿意购买该股份。乙便与丁签订了一份股份转让协议，约定丁一次性将股权转让款支付给乙。此时甲表示愿以同等价格购买，只是要求分期付款。对此各方发生了争议。下列哪一选项是错误的？（　　）

A. 甲最初表示不愿意购买即应视为同意转让

B. 甲后来表示愿意购买，则乙只能将股份转让给甲，因为甲享有优先购买权

C. 乙与丁之间的股份转让协议有效

D. 如果甲、丙都行使优先购买权，就购买比例而言，如双方协商不成，则双方应按照2：1的比例行使优先购买权

8. 甲、乙、丙拟共同出资50万元设立一有限公司。公司成立后，在其设置的股东名册中记载了甲、乙、丙3人的姓名与出资额等事项，但在办理公司登记时遗漏了丙，使得公司登记的文件中股东只有甲、乙2人。下列哪一说法是正确的？（　　）

A. 丙不能取得股东资格

B. 丙取得股东资格，但不能参与当年的分红

C. 丙取得股东资格，但不能对抗第三人

D. 丙不能取得股东资格，但可以参与当年的分红

9. 严某为鑫佳有限责任公司股东。关于公司对严某签发出资证明书，下列哪一选项是正确的？（　　）

A. 在严某认缴公司章程所规定的出资后，公司即需签发出资证明书

B. 若严某遗失出资证明书，其股东资格并不因此丧失

C. 出资证明书须载明严某以及其他股东的姓名、各自所缴纳的出资额

D. 出资证明书在法律性质上属于有价证券

10. 某市房地产主管部门领导张大伟退休后，与其友张三、李四共同出资设立一家房地产中介公司。张大伟不想让自己的名字出现在公司股东名册上，在未告知其弟张小伟的情况下，直接持张小伟的身份证等证件，将张小伟登记为公司股东。下列哪一表述是正确的？（　　）

A. 公司股东应是张大伟

B. 公司股东应是张小伟

C. 张大伟和张小伟均为公司股东

D. 公司债权人有权请求张小伟对公司债务承担相应的责任

11. 2025年5月，甲、乙、丙三人共同出资设立一家有限责任公司。甲的下列哪一行为不属于抽逃出资的行为？（　　）

A. 将出资款项转入公司账户验资后又转出去

B. 虚构债权债务关系将其出资转出去

C. 利用关联交易将其出资转出去

D. 制作虚假财务会计报表虚增利润进行分配

12. 张某是红叶有限公司的小股东，持股5%；同时，张某还在枫林有限公司担任董事，而红叶公司与枫林公司均从事保险经纪业务。红叶公司多年没有给张某分红，张某一直对其会计账簿存有疑惑。关于本案，下列哪一选项是正确的？（　　）

A. 张某可以用口头或书面形式提出查账请求

B. 张某可以提议召开临时股东会表决查账事宜

C. 红叶公司有权要求张某先向监事会提出查账请求

D. 红叶公司有权以张某的查账目的不具正当性为由拒绝其查账请求

13. 李某是沃运股份有限公司的发起人和董事之一，持有公司15%的股份。因公司未能上市，唐某对沃运公司的发展前景担忧，欲将所持股份转让。关于此事，下列哪一说法是正确的？（　　）

A. 李某可要求沃运公司收购其股权

B. 李某可以不经其他股东同意对外转让其股份

C. 若章程禁止发起人转让股份，则李某的股份不得转让

D. 若李某出让其股份，其他发起人可依法主张优先购买权

14. 李桃是某股份公司发起人之一，持有14%的股份。在公司成立后的两年多时间里，各董事之间矛盾不断，不仅使公司原定上市计划难以实现，更导致公司经营管理出现严重困难。关于李桃可采取的法律措施，下列哪一说法是正确的？（　　）

A. 可起诉各董事履行对公司的忠实义务和勤勉义务

B. 可同时提起解散公司的诉讼和对公司进行清算的诉讼

C. 在提起解散公司诉讼时，可直接要求法院采取财产保全措施

D. 在提起解散公司诉讼时，应以公司为被告

15. 2024年10月8日，张三、李四、王五共同出资成立英华装饰有限公司。2025年5月8日，李四不幸因病去世，李四之妻华晓文欲继承李四名下的股权，张三、王五主张优先购买该股权。关于继承问题，该公司章程没有规定，下列哪一选项是错误的？（　　）

A. 李四之妻华晓文能够依法继承李四的股东资格

B. 李四之妻华晓文继承李四的股东资格需要张三、王五一致同意

C. 张三、王五不能主张优先购买权

D. 如公司章程规定继承时有优先购买权，则张三、王五能主张优先购买权

16. 马丁等六人等份投资入股经营一家芯动有限公司，并在白云街租赁一商铺主要经营名贵包包等奢侈品买卖。由于奢侈品消费市场低迷，经营效益低下，在公司章程规定的三年经营期限到期之后，马丁不同意公司继续经营，但其他股东却一致通过公司继续经营的决议。关于本案，下列哪一项表述是正确的？（　　）

A. 其他股东一致通过的决议使得原处于自动解散状态的公司又自动恢复主体资格

B. 投反对票的马丁可以章程规定的经营期限届满为由向法院提起解散公司之诉

C. 因马丁反对公司继续经营，其有权要求芯动公司按市值收购自己的股权

D. 因马丁反对公司继续经营，其有权要求其他股东按市值收购自己的股权

多项选择题

1. 国有独资公司股东权由（　　）。

A. 国有独资公司股东会行使

B. 履行出资人职责的机构行使

C. 国有独资公司董事会经过授权也可以行使部分股东的职权

D. 国有独资公司监事会行使

2. 关于有限责任公司股东名册制度，下列哪些表述是正确的？（　　）

A. 公司负有置备股东名册的法定义务

B. 股东名册须提交于公司登记机关

C. 股东可依据股东名册的记载，向公司主张行使股东权利

D. 就股东事项，股东名册记载与公司登记之间不一致时，以公司登记为准

3. 甲为某有限公司股东，持有该公司15%的表决权股。甲与公司的另外两个股东长期意见不合，已两年未开成公司股东会，公司经营管理出现困难，甲与其他股东多次协商未果。在此情况下，甲可以采取下列哪些措施解决问题？（　　）

A. 请求法院解散公司

B. 请求公司以合理的价格收购其股权

C. 将股权转让给另外两个股东退出公司

D. 经另外两个股东同意撤回出资以退出公司

4. 甲持有硕昌有限公司69%的股权，任该公司董事长；乙、丙为公司另外两个股东。因打算移居海外，甲拟出让其全部股权。对此，下列哪些说法是错误的？（　　）

A. 甲不必征得乙、丙的同意，甲即可对外转让自己的股权

B. 若公司章程限制甲转让其股权，则甲可直接修改章程中的限制性规定，以使其股权转让行为合法

C. 甲可将其股权分割为两部分，分别转让给乙、丙

D. 甲对外转让其全部股权时，乙或丙均可就甲所转让股权的一部分主张优先购买权

5. 胡铭是从事进出口贸易的茂福公司的总经理，姚顺曾短期任职于该公司，2024年年初离职。2024年12月，姚顺发现自己被登记为贝达公司的股东。经查，贝达公司实际上是胡铭与其友张莉、王威共同设立的，也从事进出口贸易。胡铭为防止茂福公司发现自己的行为，用姚顺留存的身份信息等材料，将自己的股权登记在姚顺名下。就本案，下列哪些选项是错误的？（　　）

A. 姚顺可向贝达公司主张利润分配请求权

B. 姚顺有权参与贝达公司股东会并进行表决

C. 在姚顺名下股权的出资尚未缴纳时，贝达公司的债权人可向姚顺主张补充赔偿责任

D. 在姚顺名下股权的出资尚未缴纳时，张莉、王威只能要求胡铭履行出资义务

不定项选择题

1. 高才、李一、曾平（均为化名）各出资40万元，拟设立“鄂汉食品有限公司”。高才手头只有30万元的现金，就让朋友艾瑟为其垫付10万元，并许诺一旦公司成立，就将该10万元从公司中抽回偿还给艾瑟。而李一与其妻闻菲正在闹离婚，为避免可能的纠纷，遂与其弟李三商定，由李三出面与高才、曾平设立公司，但出资与相应的投资权益均归李一。公司于2024年5月成立，在公司登记机关登记的股东为高才、李三、曾平，高才为董事长兼法定代表人，曾平为总经理。

（1）公司成立后，高才以公司名义，与艾瑟签订一份买卖合同，约定公司向艾瑟购买10万元的食材。合同订立后第2天，高才就指示公司财务转账付款，而实际上艾瑟从未经营过食材，也未打算履行该合同。对此，下列表述正确的是（　　）。

A. 高才与艾瑟间垫付出资的约定，属于抽逃出资行为，应为无效

B. 该食材买卖合同属于恶意串通行为，应为无效

C. 高才通过该食材买卖合同而转移10万元的行为构成抽逃出资行为

D. 在公司不能偿还债务时，公司债权人可以在10万元的本息范围内，要求高才承担补充赔偿责任

（2）关于李一与李三的约定以及股东资格，下列表述正确的是（　　）。

A. 二人间的约定有效

B. 对公司来说，李三具有股东资格

C. 在与李一的离婚诉讼中，闻非可以要求分割李一实际享有的股权

D. 李一可以实际履行出资义务为由，要求公司变更自己为股东

（3）2024年7月，李三买房缺钱，遂在征得其他股东同意后将其名下的公司股权以42万元的价格，出卖给王二，并在公司登记机关办理了变更登记等手续。下列表述正确的是（　　）。

A. 李三的股权转让行为属于无权处分行为

B. 李三与王二之间的股权买卖合同为有效合同

C. 王二可以取得该股权

D. 就因股权转让所导致的李一投资权益损失，李一可以要求李三承担赔偿责任

2. 紫霞股份有限公司是一家从事游戏开发的非上市公司，注册资本5000万元，已发行股份总额为1000万股。公司成立后经营状况一直不佳，至2022年年底公司账面亏损3000万元。2023年年初，公司开发出一款游戏，备受玩家追捧，市场异常火爆，年底即扭亏为盈，税后利润达7000万元。

（1）2023年年底，为回馈股东多年的付出，紫霞公司决定分配利润。此时公司的法定公积金余额仅为5万元。就此次利润分配行为，下列选项正确的是（　　）。

A. 公司应提取的法定公积金数额为400万元

B. 公司可提取法定公积金的上限为税后利润的一半，即3500万元

C. 经股东会决议，公司可提取任意公积金1000万元

D. 公司向股东可分配利润的上限为3605万元

（2）如紫霞公司在2023年年底的分配利润中，最后所提取的各项公积金数额总计为2800万元，关于该公积金的用途，下列选项正确的是（　　）。

A. 可用于弥补公司2023年度的实际亏损

B. 可将其中的1500万元用于新款游戏软件的研发

C. 可将其中1000万元的任意公积金全部用于公司资本的增加

D. 可将其中1000万元的法定公积金用于公司资本的增加

（3）进入2024年，紫霞公司保持良好的发展势头。为进一步激励员工，公司于8月决定收购本公司的部分股份，用于职工奖励。关于此问题，下列选项正确的是（　　）。

A. 公司此次可收购的本公司股份的上限为100万股

B. 公司可动用任意公积金作为此次股份收购的资金

C. 收购本公司股份后，公司可在两年内完成实施对职工的股份奖励

D. 如在2024年年底公司仍持有所收购的股份，则在利润分配时不得对该股份进行利润分配

3. 源圣公司有甲、乙、丙三位股东。2024 年 10 月，源圣公司考察发现某环保项目发展前景可观，为解决资金不足问题，经人推荐，霓美公司出资 1 亿元现金入股源圣公司，并办理了股权登记。增资后，霓美公司持股 60%，甲持股 25%，乙持股 8%，丙持股 7%，霓美公司总经理陈某兼任源圣公司董事长。2024 年 12 月，霓美公司在陈某授意下将当时出资的 1 亿元现金全部转入霓美旗下的天富公司账户用于投资房地产。后因源圣公司现金不足，最终未能获得该环保项目，前期投入的 500 万元也无法收回。陈某忙于天富公司的房地产投资事宜，对此事并不关心。请回答第（1）~（3）题。

（1）针对公司现状，甲、乙、丙认为应当召开源圣公司股东会，但陈某拒绝召开，而公司监事会对此事保持沉默。下列说法正确的是（　　）。

A. 甲可召集和主持股东会

B. 乙可召集和主持股东会

C. 丙可召集和主持股东会

D. 甲、乙、丙可共同召集和主持股东会

（2）若源圣公司的股东会得以召开，该次股东会就霓美公司将资金转入天富公司之事进行决议。关于该次股东会决议的内容，根据有关规定，下列选项正确的是（　　）。

A. 陈某连带承担返还 1 亿元的出资义务

B. 霓美公司承担 1 亿元的利息损失

C. 限制霓美公司的利润分配请求权

D. 解除霓美公司的股东资格

（3）就源圣公司前期投入到环保项目 500 万元的损失问题，甲、乙、丙认为应当向霓美公司索赔，多次书面请求监事会无果。下列说法正确的是（　　）。

A. 甲可以起诉霓美公司

B. 乙、丙不能起诉霓美公司

C. 若甲起诉并胜诉获赔，则赔偿款归甲

D. 若甲起诉并胜诉获赔，则赔偿款归源圣公司

名词解释

1. 股东

2. 股份

3. 股东直接诉讼与股东派生诉讼

4. 少数股东权

简答题

1. 简述股东权利和义务的内容。

2. 简述什么是股东代表诉讼？

3. 股份有限公司的法律含义和特征。

4. 股份派生诉讼制度的相关规定。

5. 异议股东股权回购请求权的相关规定。

案例分析题

1. 昌顺有限公司成立于2020年4月，注册资本5000万元，股东为刘昌、钱顺、潘平与程舵，持股比例依次为40%、28%、26%与6%。章程规定设立时各股东须缴纳30%的出资款，其余在两年内缴足；公司不设董事会与监事会，刘昌担任董事长，钱顺担任总经理并兼任监事。各股东均已按章程实际缴纳首批出资款。公司业务主要是从事某商厦内商铺的出租与管理。因该商厦商业地理位置优越，承租商户资源充足，租金收入颇为稳定，公司一直处于盈利状态。

2022年4月，公司通过股东会决议，将注册资本减少至3000万元，各股东的出资额等比例减少，同时其剩余出资的缴纳期限延展至2038年12月。公司随后依法在登记机关办理了注册资本的变更登记。

公司盈利状况不错，但2022年6月，就公司关于承租商户的筛选、租金的调整幅度、使用管理等问题的决策，刘昌与钱顺爆发严重冲突。受此影响，公司此后竟未再召开过股东会。好在商户比较稳定，公司营收未出现下滑。2024年5月，钱顺已厌倦于争斗，要求刘昌或者公司买下自己的股权，自己退出公司，但遭到刘昌的坚决拒绝，其他股东既无购买意愿也无购买能力。钱顺遂起诉公司与刘昌，要求公司回购自己的股权，若公司不回购，则要求刘昌来购买。一个月后，法院判决钱顺败诉。后钱顺再以解散公司为由起诉公司。虽然刘昌以公司一直盈利且运行正常等为理由坚决反对，法院仍于2025年2月作出解散公司的判决。

判决作出后，各方既未提出上诉，也未按规定成立清算组，更未进行实际的清算。在公司登记机关，该昌顺公司仍登记至今，而各承租商户也继续依约向公司交付租金。

请问：

（1）昌顺公司的治理结构，是否存在不规范的地方？为什么？

（2）昌顺公司减少注册资本依法应包括哪些步骤？

（3）法院判决不支持“钱顺要求公司与刘昌回购自己股权的诉求”是否合理？为什么？

（4）法院作出解散公司的判决是否合理？为什么？

2. 张某等兄弟五人为某食品有限公司全体股东，该公司为兄弟五人所共同出资建立。公司股东会由兄弟五人组成，张某为公司法定代表人。公司成立并经营若干年之后，兄弟五人析产，于是协议减少公司资本。该公司登记的公司资本为170万元。公司的实际资产则有：①现金9.3万元；②存料91万元；③制成品盘存86万元；④厂房机器设备82万元；⑤运输设备65万元；⑥盈利19.7万元，加上其他财产，共计550万元。此外，公司还拥有商标专用权，价值70万元。按张某兄弟五人的协议，从上述公司资产中剥离出280万元，由5位股东平均分配，并将公司注册资本变更为70万元。但是，该公司经理及监事认为股东此项减资协议违法，因为这样做实际上是已将公司的资产分配殆尽。但是，张某兄弟五人认为，上述行为是经公司全体股东协议同意的，也就是公司股东会的决议，公司必须执行。并且，将280万元资产分配给股东之后，公司仍有近70万元，超过了公司资本的法定最低限额，因此该项减资行为，符合《公司法》规定减资的条件，是合法有效的。

请问：

（1）张某等股东的行为是否合法？为什么？

（2）公司的经理和监事的不同意见有无法律依据？

（3）公司如果要分配财产应当按照什么法律程序？

3. 甲与乙分别出资60万元和240万元共同设立新雨开发有限公司（以下简称新雨公司），由乙任执行董事并负责公司经营管理，甲任监事。乙同时为其个人投资的东风有限责任公司（以下简称东风公司）的总经理，该公司欠白云公司货款50万元未还。乙与白云公司达成协议约定：若

3 个月后仍不能还款，乙将其在新雨公司的股权转让 20%给白云公司，并表示愿就此设质。届期，东风公司未还款，白云公司请求乙履行协议，乙以“此事尚未与股东甲商量”为由搪塞，白云公司遂拟通过诉讼来解决问题。

东风公司需要租用仓库，乙擅自决定将新雨公司的一处房屋以低廉的价格出租给东风公司。

乙的好友丙因向某银行借款需要担保，找到乙。乙以新雨公司的名义向该银行出具了一份保函，承诺若到期丙不能还款则由新雨公司负责清偿，该银行接受了保函且未提出异议。

甲知悉上述情况后，向乙提议召开一次股东会以解决问题，乙以业务太忙为由迟迟未答应开会。

公司成立三年，一次红利也未分过，目前亏损严重。甲向乙提出解散公司，但乙不同意。甲决定转让股权，退出公司，但一时未找到受让人。

请问：

（1）白云公司如想通过诉讼解决与东风公司之间的纠纷，应如何提出诉讼请求？

（2）白云公司如想实现股权质权，需要证明哪些事实？

（3）针对乙将新雨公司的房屋低价出租给东风公司的行为，甲可以采取什么法律措施？

（4）乙以新雨公司的名义单方向某银行出具的保函的性质和效力如何？为什么？

（5）针对乙不同意解散公司和甲退出公司又找不到受让人的情况，甲可采取什么法律对策？

4. 2022 年 1 月，甲、乙、丙、丁、戊共同投资设立鑫荣公司，从事保温隔热高新建材的研发与生产。该公司注册资本 2000 万元，各股东认缴的出资比例分别为 44%、32%、13%、6%、5%。其中，丙将其对大都房地产开发有限公司所持股权折价成 260 万元作为出资方式，经验资后办理了股权转让手续。甲任鑫荣公司董事长与法定代表人，乙任公司总经理。

鑫荣公司成立后业绩不佳，股东之间的分歧日益加剧。当年 12 月 18 日，该公司召开股东会，在乙的策动下，乙、丙、丁、戊一致同意，限制甲对外签约合同金额在 100 万元以下，如超出 100 万元，甲须事先取得股东会同意。甲拒绝在决议上签字。此后公司再也没有召开过股东会。

2023 年 12 月，甲认为产品研发要想取得实质进展，必须引进隆泰公司的一项新技术。甲未与其他股东商量，即以鑫荣公司法定代表人的身份，与隆泰公司签订了金额为 200 万元的技术转让合同。

2024 年 5 月，乙为资助其女赴美留学，向朋友张三借款 50 万元，以其对鑫荣公司的股权作为担保，并办理了股权质权登记手续。

2024 年 9 月，大都房地产公司资金链断裂，难以继续支撑，不得不向法院提出破产申请。经审查，该公司尚有资产 3000 万元，但负债已高达 3 亿元，各股东包括丙的股权价值几乎为零。

2025 年 1 月，鉴于鑫荣公司经营状况不佳及大股东与管理层间的矛盾，小股东丁与戊欲退出公司，以避免更大损失。

请问：

（1）2022 年 12 月 18 日股东会决议的效力如何？为什么？

（2）甲以鑫荣公司名义与隆泰公司签订的技术转让合同效力如何？为什么？

（3）乙为张三设定的股权质押效力如何？为什么？

（4）大都房地产公司陷入破产，丙是否仍然对鑫荣公司享有股权？为什么？

（5）丁与戊可以通过何种途径保护自己的权益？

5. 2024 年 5 月，兴平公司与甲、乙、丙、丁四个自然人，共同出资设立大昌公司。在大昌公司筹建阶段，兴平公司董事长马玮被指定为设立负责人，全面负责设立事务，马玮又委托甲协助处理公司设立事务。

2024 年 5 月 25 日，甲以设立中公司的名义与戊签订房屋租赁合同，以戊的房屋作为大昌公司将来的登记住所。

2024年6月5日，大昌公司登记成立，马玮为公司董事长，甲任公司总经理。公司注册资本1000万元，其中，兴平公司以一栋厂房出资；甲的出资是一套设备（未经评估验资，甲申报其价值为150万元）与现金100万元。

2025年2月，在马玮知情的情况下，甲伪造丙、丁的签名，将丙、丁的全部股权转让至乙的名下，并办理了登记变更手续。乙随后于2025年5月，在马玮、甲均无异议的情况下，将登记在其名下的全部股权作价300万元，转让给不知情的吴耕，也办理了登记变更等手续。

现查明：第一，兴平公司所出资的厂房，其所有权原属于马玮父亲；2023年5月，马玮在其父去世后，以伪造遗嘱的方式取得所有权，并于同年8月，以该厂房投资设立兴平公司，马玮占股80%。而马父遗产的真正继承人，是马玮的弟弟马屹。第二，甲的100万元现金出资，系由其朋友满钺代垫，且在2024年6月10日，甲将该100万元自公司账户转到自己账户，随即按约还给满钺。第三，甲出资的设备，在2024年6月初，时值130万元；在2025年1月，时值80万元。

请问：

（1）甲以设立中公司的名义与戊签订的房屋租赁合同，其效力如何？为什么？

（2）在甲不能补足其100万元现金出资时，满钺是否要承担相应的责任？为什么？

（3）马屹能否要求大昌公司返还厂房？为什么？

（4）乙能否取得丙、丁的股权？为什么？

（5）吴耕能否取得乙转让的全部股权？为什么？

第十二章　公司的治理结构

基础知识图解

- 公司的治理结构
  - 概述
    - 公司治理结构的含义
    - 公司治理结构的基本模式
  - 股东会
    - 概念与职权：是指在各类公司中由全体股东组成的公司权力机构
    - 股东会会议
      - 会议种类：普通会议、特别会议
      - 会议召集
    - 股东会表决权的行使：亲自行使、代理行使、书面行使
    - 股东会决议
  - 董事会
    - 董事会的概念和职权：对内经营管理权、对外代表权
    - 董事会的产生与结构
    - 董事会会议：种类；召集；法定人数；决议
    - 董事对公司的义务：不得利用职权收受贿赂或其他非法收入、不得侵占公司的财产、不得擅自处分公司财产、禁止反向交易与竞业禁止行为、不得擅自披露公司秘密
  - 监事会
    - 监事会的概念和职权
    - 监事会的产生：监事的选任、资格与任期
  - 经理
    - 概念和地位
    - 经理的职权
    - 经理的义务与责任
  - 股东诉讼：概念与种类；作用；依据与条件；结果归属

配套测试

单项选择题

1. 2025 年 3 月，甲有限公司成立，张某持有公司 80%的股权，并担任公司董事长；李某持有公司 7%的股权。公司章程规定，公司召开股东会应当提前十天以书面形式通知全体股东。为了扩大公司规模，张某认为甲公司应当与乙公司合并，遂提议召开公司股东会会议，但因准备匆忙，在会议召开前五天才通知李某。股东会会议中持有公司 90%表决权的股东同意合并，3%表决权的股东反对，最终通过了与乙公司合并的决议，李某拒绝在决议上签字。关于本案，下列哪一说法

是正确的？（　　）

A. 该次股东会会议的召集程序违反法律规定，李某可以主张该决议无效

B. 李某有权要求公司以合理价款回购其所持有的甲公司股权

C. 该次股东会会议的召集程序违反法律规定，李某可以要求撤销该决议

D. 如果李某针对股东会决议效力提起相关诉讼，应当以公司为被告，其他股东列为第三人

2. 甲、乙、丙、丁、戊五人是联信有限公司股东，其中甲持有公司股权比例为1%，乙持有公司股权比例为2%，丙持有公司股权比例为17%，赵某与丙签订了股权代持协议，约定由赵某实际出资，享受投资收益；丁持有公司股权比例为30%，戊持有公司股权比例为50%，且担任公司董事长。公司章程规定，持股比例低于5%的股东不得查阅公司会计账簿。关于本案，下列哪一说法是正确的？（　　）

A. 甲无权查阅公司会计账簿

B. 丙无权查阅公司会计账簿

C. 赵某无权查阅公司会计账簿

D. 丁有权查阅并复制公司会计账簿

3. 彭兵是一家（非上市）股份有限公司的董事长，依公司章程规定，其任期于2025年2月届满。由于股东间的矛盾，公司未能按期改选出新一届董事会。此后对于公司内部管理，董事间彼此推诿，彭兵也无心公司事务，使得公司随后的一项投资失败，损失100万元。对此，下列哪一选项是正确的？（　　）

A. 因已届期，彭兵已不再是公司的董事长

B. 虽已届期，董事会成员仍须履行董事职务

C. 就公司100万元损失，彭兵应承担全部赔偿责任

D. 对彭兵的行为，公司股东有权提起股东代表诉讼

4. 公司可以在章程中订明营业期限，需延长时（　　）。

A. 应由董事会作出决议

B. 应由监事会作出决议

C. 应由股东会作出决议

D. 应由总经理决定

5. 在我国《公司法》中，对公司监事的任期是怎样规定的？（　　）

A. 可以由公司章程确定，但不得超过3年，且不能连选连任

B. 可以由公司章程确定，但不得超过3年，且可连选连任

C. 任期为法定的3年，不得由公司章程更改，但不得连选连任

D. 任期为法定的3年，不得由公司章程更改，但可以连选连任

6. 有限责任公司的董事长因特殊原因不能履行职务时由董事长指定（　　）召集和主持。

A. 副董事长

B. 其他董事

C. 副董事长或其他董事

D. 由股东会讨论并依法定程序作出决议

7. 有限责任公司的董事的任期由（　　）。

A. 全体董事2/3以上多数选举产生

B. 全体董事1/2以上多数选举产生

C. 公司章程规定

D. 由出资最多的股东指定

8. A公司是一家国家授权投资的机构出资设立的国有独资公司，以下关于其董事会的职责权限的几个表述，正确的是（　　）。

A. A公司的章程只能由其股东国家授权投资的机构制定，董事会无权

B. 经授权，该公司的董事会可行使股东会的部分职权，决定公司的申请破产

C. 经授权，该公司的董事会可行使股东会的部分职权，决定公司的合并

D. 经授权，该公司的董事会可行使股东会的部分职权，决定公司利润的分配

9. 国有独资公司的董事长依照以下哪种方法产生？（　　）

A. 公司章程

B. 股东选举

C. 由履行出资人职责的机构从董事会成员中指定

D. 职工大会从董事会成员中选举产生并由国家授权投资的机构批准

10. 有关有限责任公司的监事会，表述不符合法律规定的是（　　）。

A. 有限责任公司经营规模较大的，监事会成员为3人以上

B. 有限责任公司的监事会应当由股东代表和适当比例的公司职工代表组成，两者之间的比例由公司章程予以规定

C. 监事的任期每届为4年，任期届满，连选可以连任

D. 公司的董事、高级管理人员不得兼任公司的监事

11. 甲公司出资20万元、乙公司出资10万元共同设立丙有限责任公司。丁公司系甲公司的子公司。在丙有限责任公司经营过程中，甲公司多次利用其股东地位通过公司决议让丙公司以高于市场同等水平的价格从丁公司进货，致使丙公司产品因成本过高而严重滞销，造成公司亏损。下列哪一选项是正确的？（　　）

A. 丁公司应当对丙公司承担赔偿责任

B. 甲公司应当对乙公司承担赔偿责任

C. 甲公司应当对丙公司承担赔偿责任

D. 丁公司、甲公司共同对丙公司承担赔偿责任

12. 某公司董事会作出了一项违反公司章程的决议，致使公司遭受3亿元的重大损失。经查明，该公司董事会共有5名成员。在董事会作出决议时，张、王、李三位董事表示赞成，赵、陈二位董事表示反对，意见均记载于会议记录。公司的损失应由（　　）。

A. 公司承担

B. 董事与公司连带承担

C. 张、王、李三位董事负责赔偿

D. 全体董事共同赔偿

13. 甲、乙、丙三人共同出资10万元设立“蓝星科技开发有限责任公司”，其中甲、乙各出资3万元，丙出资4万元。公司成立后召开了第一次股东会。有关这次股东会的情况，符合我国《公司法》规定的是（　　）。

A. 会议由甲召集和主持

B. 会议决定公司不设董事会，由甲担任董事，任期3年

C. 会议决定公司设监事一名，由丙担任，任期6年

D. 董事会应当包括股东代表和适当比例的公司职工代表

14. 某有限责任公司董事会由三名董事组成。董事甲因车祸死亡，董事人数低于法律规定的要求。根据我国《公司法》，有权提议召开临时股东会议的人是（　　）。

A. 半数董事　　　　B. 总经理

C. 1/4 以上股东　　D. 监事会

15. 根据我国《公司法》，下述工作中属于公司董事会职权的是（　　）。

A. 拟订公司内部管理机构设置方案

B. 组织实施公司年度经营计划和投资方案

C. 制定公司的基本管理制度

D. 主持公司的生产经营管理工作

16. 某有限责任公司于 2025 年 6 月 15 日召开股东会，选举公司监事。下列人员中可以担任公司监事的是（　　）。

A. 曾担任某有限责任公司的法定代理人，该公司于 2024 年被吊销营业执照至今，并对其负个人责任

B. 曾因挪用公款罪被判处有期徒刑，2024 年 4 月 10 日刑满释放的李某

C. 该公司工会主席张某

D. 曾担任某公司的法定代表人，该公司于 2023 年 9 月被宣告破产，对公司破产负有个人责任的赵某

17. 经股份有限公司董事会决定，（　　）可兼任经理。

A. 董事长　　B. 董事会成员

C. 执行董事　　D. 股东代表

18. 根据《公司法》，下列表述错误的是（　　）。

A. 对有限责任公司股东会职权范围内的事项股东以书面形式一致表示同意的，可以不召开股东会会议，直接作出决定，并由全体股东在决定文件上签名或者盖章

B. 有限责任公司股东会会议由股东按照出资比例行使表决权；但是，公司章程另有规定的除外

C. 董事会无正当理由不能解任董事

D. 董事任期届满未及时改选，或者董事在任期内辞职导致董事会成员低于法定人数的，在改选出的董事就任前，原董事仍应当依照法律、行政法规和公司章程的规定，履行董事职务

19. 下列有关股份有限公司的股东会的表述，正确的是（　　）。

A. 股东会应当每年召开一次年会。董事会认为有必要或监事会提议召开时应当在两个月内召开临时股东会会议

B. 股东会应当每年召开二次大会，上下半年各一次

C. 持有公司股份 5% 以上的股东请求时，应当自提出请求之日起 2 个月内召开临时股东会会议

D. 公司未弥补的亏损达股本总额的 1/4 时，应当在 2 个月内召开临时股东会会议

20. 股份有限公司的股东会进行决议时，对公司修改章程、公司合并或分立、公司解散等特别事项表决时，应采用何种决议规定？（　　）

A. 经出席股东会的股东 2/3 以上表决同意

B. 经出席股东会的股东所持表决权的 2/3 以上通过

C. 经全体股东所持表决权的 2/3 以上通过

D. 经全体股东的 2/3 以上通过

21. 2021 年 5 月 10 日，某上市公司股东会选举产生的第二届董事会由 7 名董事组成，任期 3 年。2022 年 4 月 16 日董事王某提出辞呈，同年 6 月 10 日，该公司股东会年会表决通过王某辞去董事职务，同时选举李某担任公司董事。李某担任公司董事的任期应当是（　　）。

A. 2021 年 5 月 10 日至 2024 年 5 月 10 日

B. 2022 年 4 月 10 日至 2024 年 5 月 10 日

C. 2022 年 6 月 10 日至 2025 年 5 月 10 日

D. 2022 年 6 月 10 日至 2025 年 6 月 10 日

22. 股份有限公司设经理、副经理，由（　　）。

A. 股东会选举产生

B. 监事会主席任免

C. 董事会任免

D. 董事长任免

23. 某股份有限公司董事会有成员 17 人，经全体董事投票表决，叶某以 9 票当选董事长，陈某以 8 票当选副董事长。根据《公司法》的有关规定，这次选举（　　）。

A. 叶某当选有效，陈某当选无效

B. 叶某当选无效，陈某当选有效

C. 叶某、陈某当选均为有效

D. 叶某、陈某当选均为无效

24. 下列有关股份有限公司股东会议事规则的表述正确的是（　　）。

A. 根据持有公司股份 10%以上股东请求，应当在 1 个月内召开临时股东会

B. 股东会会议由董事长负责召集并主持

C. 股东委托代理人出席股东会会议的，应当明确代理人代理的事项、权限和期限；代理人应当向公司提交股东授权委托书，并在授权范围内行使表决权

D. 召开股东会，应当将会议审议的事项于会议召开 30 日以前通知各股东，股东会不得对通知中未列明的事项作出决议

25. 我国《公司法》规定，公司可以提取任意公积金，但要（　　）。

A. 经股东会作出决议

B. 经董事会作出决议

C. 经监事会作出决议

D. 经职工代表大会作出决议

26. 某运输有限责任公司股东会决定依照公司法的规定解散，随即打算成立清算组。则有关清算组的组成说法正确的是（　　）。

A. 由董事组成

B. 由股东会确定人选

C. 由人民法院指定

D. 由有关主管部门组织股东和有关专业人员及债权人组成

27. 王某向银行申请贷款，需要他人担保。陈某系甲公司的控股股东和董事长，是王某多年好友。王某求助于陈某，希望得到甲公司的担保。甲公司章程规定，公司对外担保须经股东会决议。下列哪一选项是正确的？（　　）

A. 甲公司不能为王某提供担保，因为陈某不能向甲公司提供反担保

B. 甲公司不得为王某提供担保，因为公司法禁止公司为个人担保

C. 甲公司可以为王某提供担保，但须经股东会决议通过

D. 甲公司可以为王某提供担保，但陈某不得参加股东会表决

28. 烽源有限公司的章程规定，金额超过 10 万元的合同由董事会批准。蔡某是烽源有限公司的总经理。因公司业务需要车辆，蔡某便将自己的轿车租给烽源公司，并约定年租金 15 万元。后蔡某要求公司支付租金，股东们获知此事，一致认为租金太高，不同意支付。关于本案，下列哪

一选项是正确的？（　　）

A. 该租赁合同无效

B. 股东会可以解聘蔡某

C. 该章程规定对蔡某没有约束力

D. 烽源公司有权拒绝支付租金

29. 荣吉有限公司是一家商贸公司，刘壮任董事长，马姝任公司总经理。关于马姝所担任的总经理职位，下列哪一选项是正确的？（　　）

A. 担任公司总经理须经刘壮的聘任

B. 享有以公司名义对外签订合同的法定代理权

C. 有权根据董事会的授权制定公司的劳动纪律制度

D. 有权聘任公司的财务经理

30. 甲公司是一家上市公司。关于该公司的独立董事制度，下列哪一表述是正确的？（　　）

A. 甲公司董事会成员中应当至少包括1/3的独立董事

B. 任职独立董事的，至少包括一名会计专业人士和一名法律专业人士

C. 除在甲公司外，各独立董事在其他上市公司同时兼任独立董事的，不得超过3家

D. 各独立董事不得直接或间接持有甲公司已发行的股份

31. 申和股份公司是一家上市公司，现该公司董事会秘书依法律规定，准备向证监会与证券交易所报送公司年度报告。关于年度报告所应记载的内容，下列哪一选项是错误的？（　　）

A. 公司财务会计报告和经营情况

B. 董事、监事、高级管理人员简介及其持股情况

C. 已发行股票情况，含持有股份最多的前二十名股东的名单和持股数额

D. 公司的实际控制人

32. 华昌有限公司有8个股东，麻某为董事长。2025年5月，公司经股东会决议，决定变更为股份公司，由公司全体股东作为发起人，发起设立华昌股份公司。下列哪些选项是正确的？（　　）

A. 该股东会决议应由全体股东一致同意

B. 发起人所认购的股份，应在股份公司成立后两年内缴足

C. 变更后股份公司的董事长，当然由麻某担任

D. 变更后的股份公司在其企业名称中，可继续使用“华昌”字号

多项选择题

1. 茂森股份公司效益一直不错，为提升公司治理现代化，增强市场竞争力并顺利上市，公司决定重金聘请知名职业经理人王某担任总经理。对此，下列哪些选项是正确的？（　　）

A. 对王某的聘任以及具体的薪酬，由茂森股份公司董事会决定

B. 王某受聘总经理后，就其职权范围的事项，有权以茂森公司名义对外签订合同

C. 王某受聘总经理后，有权决定聘请其好友田某担任茂森公司的财务总监

D. 王某受聘总经理后，公司一旦发现其不称职，可通过股东会决议将其解聘

2. 国有独资公司的（　　），未经国有资产监督管理机构同意，不得兼任其他经营组织的负责人。

A. 董事长　　　　B. 副董事长

C. 高级管理人员　　　　D. 执行董事

3. 下列事项中，必须经有限责任公司股东会决议并经代表 2/3 以上表决权的股东通过的是（　　）。

A. 增加公司注册资本

B. 向股东以外的人转让出资

C. 公司利润分配方案

D. 修改公司章程

4. 某有限责任公司是由三个国有企业投资设立，关于该有限责任公司董事会几种构成符合法律规定的是（　　）。

A. 该公司的董事会成员可以只有 3 个

B. 该董事会的成员分别是 3 个国有企业的总经理

C. 董事会的成员为 4 人，其中 1 人为公司的职工代表

D. 该董事会除 1 人担任董事长外，设置两名副董事长

5. 李某是某化学药物制品有限公司的董事，他的下列行为中，合法的有（　　）。

A. 李某自己还经营一家减肥茶生产企业

B. 李某向甲银行借款 50 万元，用以开发化学药物制品有限公司的新产品，并以公司的资产作为担保

C. 乙公司是该化学药物制品有限公司过去的联盟单位，李某将 50 万元暂借给乙公司作周转资金用，乙公司 1 个月后归还了该款

D. 未经股东会同意，李某将减肥茶生产企业的一批紧缺药品以较低的价格出售给该化学药物制品有限公司

6. 有限责任公司的股东会是公司的权力机构。其在行使职权时应当依照公司章程和公司法的规定。对于以下事项的决议必须经过代表 2/3 以上表决权股东同意的是（　　）。

A. 选举公司董事长

B. 公司的分立合并

C. 公司增加注册资本

D. 公司对外进行转投资

7. 以下关于有限责任公司与股份有限公司的监事会，表述正确的是（　　）。

A. 两者并非都应当设立监事会，都可设一名监事

B. 前者的董事或者经理可以兼任监事，后者则不可

C. 两者的监事任期由法律规定，每届任期 3 年

D. 前者的监事可以只有 1 名或 2 名，后者的监事不得少于 3 人

8. 刘某是甲有限责任公司的董事长兼总经理。任职期间，他多次利用职务之便，指示公司会计将资金借贷给一家主要由刘某的儿子投资设立的乙公司。对此，持有公司股权 0.5%的股东王某认为甲公司应该起诉乙公司还款，但公司不可能起诉，王某便自行直接向法院对乙公司提起股东代表诉讼。下列哪些选项是正确的？（　　）

A. 王某持有公司股权不足 1%，不具有提起股东代表诉讼的资格

B. 王某不能直接提起诉讼，必须先向董事会或监事会提出请求

C. 王某应以甲公司的名义起诉，但无须甲有限责任公司盖章或刘某签字

D. 王某应以自己的名义起诉，但诉讼请求应是将借款返还给甲公司

9. 股份有限公司的董事会由 11 人组成，其中董事长 1 人，副董事长 2 人。该董事会某次会议发生的下列行为不符合公司法规定的有（　　）。

A. 因董事长不能出席会议，董事长指定一名副董事长甲主持会议

B. 通过了增加公司注册资本的决议

C. 通过了解聘公司现任经理，由副董事长甲兼任经理的决定

D. 会议所有决议事项均载入会议记录后，由主持会议的副董事长甲和记录员签名存档

10. 某股份有限公司拟成立监事会。根据《公司法》的规定，下列哪些人员不能担任该公司的监事？（ ）

A. 公司董事长李某

B. 公司聘任的临时工张某

C. 副董事长朱某

D. 副总经理陈某

11. 注册资本为2000万元的某股份有限公司的董事会有董事15名。下列表述是有关该董事会若干次会议的一些情况，其中哪些违反了《公司法》的有关规定？（ ）

A. 2024年10月3日召开董事会，到会的董事有7人，会议如期举行

B. 2024年10月3日召开董事会，经出席该会的董事一致同意，决议减少公司注册资本50万元

C. 2025年6月3日召开董事会，出席该会的11名董事一致同意解聘现任总经理，并作出由一位副董事长兼任公司总经理的决议

D. 2025年6月3日召开董事会，两名董事因故不能到会，委托其他董事代为出席，并提交了载明授权范围的委托书

12. 方圆公司与富春机械厂均为国有企业，合资设立富圆公司，职工人数400余人，出资比例为30%与70%。关于富圆公司董事会的组成，下列哪些说法是正确的？（ ）

A. 董事会成员中应当有公司职工代表

B. 董事张某任期内辞职，在新选出董事就任前，张某仍应履行董事职责

C. 富圆公司董事长可由小股东方圆公司派人担任

D. 方圆公司和富春机械厂可通过公司章程约定不按出资比例分红

13. 星煌公司是一家上市公司。现董事长吴某就星煌公司向坤诚公司的投资之事准备召开董事会。因公司资金比较紧张，且其中一名董事梁某的妻子又在坤诚公司任副董事长，有部分董事对此投资事宜表示异议。关于本案，下列哪些选项是正确的？（ ）

A. 梁某不应参加董事会表决

B. 吴某可代梁某在董事会上表决

C. 若参加董事会人数不足，则应提交股东会审议

D. 星煌公司不能投资于坤诚公司

14. 紫云有限公司设有股东会、董事会和监事会。近期公司的几次投标均失败，董事会对此的解释是市场竞争激烈，对手强大。但监事会认为是因为董事狄某将紫云公司的标底暗中透露给其好友的公司。对此，监事会有权采取下列哪些处理措施？（ ）

A. 提议召开董事会

B. 提议召开股东会

C. 提议罢免狄某

D. 聘请律师协助调查

15. 甲、乙、丙设立一有限公司，制定了公司章程。下列哪些约定是合法的？（ ）

A. 甲、乙、丙不按照出资比例分配红利

B. 由董事会直接决定公司的对外投资事宜

C. 甲、乙、丙不按照出资比例行使表决权

D. 由董事会直接决定其他人经投资而成为公司股东

16. 郑贺为甲有限公司的经理，利用职务之便为其妻吴悠经营的乙公司谋取本来属于甲公司的商业机会，致甲有限公司损失 50 万元。甲公司小股东付冰欲通过诉讼维护公司利益。关于付冰的做法，下列哪一选项是错误的？（　）

A. 必须先书面请求甲公司董事会对郑贺提起诉讼

B. 必须先书面请求甲公司监事会对郑贺提起诉讼

C. 只有在董事会拒绝起诉情况下，才能请求监事会对郑贺提起诉讼

D. 只有在其股权达到 1%时，才能请求甲公司有关部门对郑贺提起诉讼

17. 科鼎有限公司设立时，股东们围绕公司章程的制定进行讨论，并按公司的实际需求拟定条款规则。关于该章程条款，下列哪些说法是正确的？（　）

A. 股东会会议召开 7 日前通知全体股东

B. 公司解散需全体股东同意

C. 董事表决权按所代表股东的出资比例行使

D. 全体监事均由不担任董事的股东出任

18. 钱某为益扬有限公司的董事，赵某为公司的职工代表监事。公司为钱某、赵某支出的下列哪些费用须经公司股东会批准？（　）

A. 钱某的年薪

B. 钱某的董事责任保险费

C. 赵某的差旅费

D. 赵某的社会保险费

19. 甲、乙是某有限责任公司股东，甲、乙分别持有公司 51%和 49%的股权，2024 年 10 月甲想把持有的公司 51%的股权转让给外部的第三人丙，但乙不同意，于是，甲提出只转让 0. 1%的股权给丙，乙便同意了甲的请求。在丙成为公司的股东后，甲于 2024 年 12 月把自己持有的剩下 50. 9%的公司股权也转给了丙，并且办理了股权登记证明，这时候乙出来反对，但未主张优先购买。关于两次股权转让是否有效，下列说法正确的是（　　）。

A. 甲的第一次股权转让有效

B. 甲的第一次股权转让无效

C. 甲的第二次股权转让有效

D. 甲的第二次股权转让无效

不定项选择题

1. 甲公司于 2024 年 7 月依法成立，现有数名推荐的董事人选，依照《公司法》规定，下列哪些人员不能担任公司董事？（　　）

A. 王某，因担任企业负责人犯重大责任事故罪于 2017 年 6 月被判处三年有期徒刑，2004 年刑满释放

B. 张某，与他人共同投资设立一家有限责任公司，持股 70%，该公司长期经营不善，负债累累，于 2022 年被宣告破产

C. 徐某，2019 年向他人借款 100 万元，为期 2 年，但因资金被股市套住至今未清偿

D. 赵某，曾任某音像公司董事长，该公司因未经著作权人许可大量复制音像制品于 2022 年 5 月被吊销营业执照，赵某负有个人责任

2. 某电器股份有限公司于 2025 年 8 月 20 日召开董事会临时会议，讨论召开股东临时会议及解决公司债务等事项。公司董事会共有 9 名董事，出席此次会议的有赵董事长和董事钱某、孙某、

李某、周某、吴某共6人。这次会议由赵某主持，除中途退席的周某外，其他五位董事同意决定于2025年10月6日召开股东临时会议。公司于当日通知了公司各位股东关于召开临时股东会的决定。公司临时股东会的通知上所列议案是讨论处分公司闲置财产偿还债务。在公司2025年10月6日召开的临时股东会上，出席及委托代理人出席的股东共86人，持有表决权股数120000股，占公司全部股份200000股的60%。会上经出席股东30人（持有表决权股数65000股）同意，作出三项决定：（1）公司对外所欠债务原则上予以承认；（2）决定将公司对外的债券转为公司资本；（3）处分公司部分财产偿还公司债务。对于此次公司临时股东会的决议，董事周某持有异议，认为决议违法而无效，诉请法院请求撤销。其理由是：（1）公司董事会决议召开股东临时会议时，他未在场，致使该董事会议不足法定人数，因而董事会关于召开股东临时会议之决议违法；（2）2025年10月6日召开的公司临时股东会议，其决议处分财产偿还债务与议程不符；（3）临时股东会上的提请承认事项事先未经董事会决议通过。根据以上情况，回答下列问题：

（1）下列关于股份有限公司董事会临时会议的说法中，哪些是正确的？（　　）

A. 应当有过半数的董事出席方能召开

B. 应当有2/3以上的董事出席方能召开

C. 董事会临时会议作出决议，必须经全体董事过半数同意

D. 董事会临时会议作出决议，必须经出席会议的董事过半数同意

（2）下列关于股份有限公司股东会临时会议的说法中，哪些是正确的？（　　）

A. 股份有限公司修改公司章程、合并、分立、解散事项必须经出席股东会的股东所持表决权的2/3以上通过

B. 股份有限公司修改公司章程、合并、分立、解散事项必须经全体股东所持表决权的2/3以上通过

C. 股份有限公司除修改公司章程、合并、分立、解散事项外，股东会作出决议，必须经出席股东会的股东所持表决权的过半数通过

D. 股份有限公司除修改公司章程、合并、分立、解散事项外，股东会作出决议，必须经全体股东所持表决权的半数以上通过

（3）临时董事会会议决议、临时股东会会议决议是否有效？（　　）

A. 临时董事会会议决议有效

B. 临时董事会会议决议无效

C. 临时股东会会议决议有效

D. 临时股东会会议决议无效

3. 华胜股份有限公司于2025年3月召开董事会临时会议，董事长甲及乙、丙、丁、戊共五位董事出席，董事会中其余4名成员未出席。董事会表决之前，丁因意见与众人不合，中途退席，但董事会经与会董事一致通过，最后仍作出决议。下列哪些选项是错误的？（　　）

A. 该决议有效，因其已由出席会议董事的过半数通过

B. 该决议无效，因丁退席使董事的同意票不足全体董事表决票的1/2

C. 该决议是否有效取决于公司股东会的最终意见

D. 该决议是否有效取决于公司监事会的审查意见

名词解释

1. 公司的治理结构

2. 股东会会议

3. 董事的竞业禁止义务

4. 股东代表诉讼

5. 公司章程

简答题

1. 某股份有限公司董事甲未提前通知就召开临时股东会，并且经 1/2 的股东表决同意修改了公司章程。请问上述有哪些不合法的行为？公司法上规定股东有权采取什么措施来保护他们的利益？如果是内容的不合法，跟上述行为有什么不同？

2. 简述公司股东会的职能。

论述题

1. 论现代公司机关权力的构架。（注：可围绕股东会、董事会、监事会、经理人等权力分配机制论述）

2. 试述董事的忠实义务。

案例分析题

1. 甲、乙国有企业与另外 7 家国有企业拟联合组建设立如意有限责任公司（以下简称如意公司），公司章程的部分内容是：公司股东会除召开定期会议外，还可以召开临时会议，临时会议须经代表 1/2 以上表决权的股东，1/2 以上的董事或 1/2 以上的监事提议召开。在申请公司设立登记时，市场监督管理机关指出了公司章程中规定的关于召开临时股东会议方面的不合法之处。经全体股东协商后，予以纠正。

2025 年 3 月，如意公司依法登记设立，注册资本为 1 亿元，其中甲以工业产权出资，协议作价金额 1200 万元；乙出资 1400 万元，是出资最多的股东。公司成立后，由甲召集和主持首次股东会会议，设立了董事会。2025 年 5 月，如意公司董事会发现，甲作为出资的工业产权的实际价额显著低于公司章程所定的价额，为了使公司股东出资总额仍达到 1 亿元，董事会提出了解决方案，即由甲补足差额；如果甲不能补足差额，则由其他股东按出资比例分担该差额。

2025 年 9 月，公司经过一段时间的运作后，经济效益较好，董事会拟订了一个增加注册资本的方案，方案提出将公司现有的注册资本由 1 亿元增加到 1.5 亿元。增资方案提交到股东会讨论表决时，有 7 家股东赞成增资。7 家股东出资总和为 5830 万元，占表决权总数的 58.3%；有 2 家股东不赞成增资，2 家股东出资总和为 4170 万元，占表决权总数的 41.7%。股东会通过增资决议，并授权董事会执行。

2025 年 7 月，如意公司因业务发展需要，依法成立了上海分公司。上海分公司在生产经营过程中，因违约被诉至法院，对方以如意公司是上海分公司的总公司为由，要求如意公司承担违约责任。

请问：

（1）如意公司设立过程中订立的公司章程中关于召开临时股东会议的规定有哪些不合法之处？说明理由。

（2）如意公司的首次股东会议由甲召集和主持是否合法？为什么？

（3）如意公司董事会作出的关于甲出资不足的解决方案的内容是否合法？说明理由。

（4）如意公司股东会作出的增资决议是否合法？说明理由。

（5）如意公司是否应替上海分公司承担违约责任？说明理由。

2. A 食品股份有限公司的董事张某和另外两人合伙开办了一个食品厂，生产的饼干与 A 食品股份有限公司饼干的包装、口味、生产方法等都相差无几。张某另办食品厂一事被A公司董事会觉察，董事会经研究决定罢免张某的职务，向法院申请没收其经营食品厂的收入所得。

请问：

（1）张某另办厂的行为是否合法？

（2）公司的行为是否合理？如若不合理，正当程序如何？

3. A股份有限公司董事会决定在2024年10月10日召开临时股东会。董事长发出了《关于召开2024年临时股东会会议的通知》。通知如下：

“兹定于2024年10月10日召开临时股东会会议，现将有关事项通知如下：

（1）凡是持股量在30万股（含30万股）的股东可以径自参加股东会会议，凡是持股量在10万股以上（含10万股）、30万股以下的股东可以按照本通知所列会议议程填写表决票于10月10日前寄送本公司董事会。

（2）会议议程

①讨论解决公司经营方向的转型问题；

②补选董事一人。

（3）会议地点：某市某宾馆会议室。

（4）附件

关于公司所遇经营困难以及经营转型的方向的报告；

董事候选人简介；

表决票一张。

A股份有限公司

董事长　王某

2024年9月15日

（公司公章）”

2024年10月10日，120名股东出席了临时股东会，经过认真的讨论，认为公司经营所遇困难无法解决，经大会表决，90名股东同意作出解散公司的决议。董事长王某认为，赞成决议者超过出席人数的2/3，决议有效。会后，小股东李某认为公司仅仅让其通信表决，以董事会侵害其股东的合法权益为由向人民法院提起诉讼。

请问：

（1）该股东会的召开有哪些违法之处？

（2）作为小股东的李某，其有哪些权益受到了侵害？

（3）召开临时股东会的法定情形有哪些？

4. 至诚科技开发股份有限公司的董事会，共有9名成员。一次，董事长召集董事会会议，讨论将公司闲置资金1亿元投资于期货问题。该次董事会议共有6名董事出席。3名董事因故未能出席，其中董事张某虽未出席但书面委托其助理王某（非董事）代理出席并表决。会上董事长介绍了期货投资的巨大营利性，并表示赞成此项投资。而董事李某对此项投资表示疑虑，认为此项投资不属于本公司章程规定的公司的经营范围。董事赵某坚决反对。经记名式书面表决，结果为：4位董事赞成，1名董事和董事张某的代理人王某反对，董事李某弃权。董事长认为本议案已为多数通过，决议有效。该公司因投资期货亏损1000万元。公司股东以公司董事会决议违法并造成损失为由，向人民法院提起诉讼，请求损害赔偿。试析本案存在哪些违法事实，你认为法院应当如何判决本案并说明理由。

5. 某股份有限公司成立于2024年3月1日，股东甲占股份60%，股东乙、丙、丁、戊各占10%，并且甲被选为公司的董事长，法定代表人。后来股东甲于2025年3月6日把股份转让给了刘某，甲于2025年11月18日擅自以公司名义投资，致使公司亏损5000万元。刘某就向监事会提出起诉甲的请求，过了一个多月，监事会没有采取任何措施。刘某就直接到法院起诉甲。

请问：

(1) 刘某是否有权起诉甲？为什么？

(2) 假如刘某有权起诉，最后所获得的赔偿受益人是谁？

(3) 假如刘某的利益受到甲的损害，他所提起的诉讼跟上面的诉讼有什么区别？

第十三章　公司的合并与解散

基础知识图解

- 公司的合并与解散
  - 公司的合并与分立
    - 公司的合并
      - 概念：由两个或两个以上的公司依法达成合意，归并为一个公司或创设一个新公司的行为
      - 程序
      - 效力：公司的变化、权利义务的概括承受
    - 公司的分立
  - 公司的解散与清算
    - 公司的解散
      - 概念
      - 原因
        - 自愿解散
          - 公司存续期间届满或章程规定的解散事由发生
          - 公司权力机关决定解散
          - 公司合并、分立而解散
        - 被迫解散
          - 法院判决解散
          - 主管机关命令解散
          - 公司破产解散
      - 法律效果
    - 公司的清算
      - 概念和种类：破产清算和非破产清算；任意清算和法定清算；普通清算和特别清算
      - 清算人的产生与职责
      - 清算的程序

配套测试

单项选择题

1. 依照《公司法》的规定，对公司的合并或分立等事项表决时，股份有限公司与有限责任公司采取的决议规则是（　　）。

A. 二者均须出席股东会的股东 2/3 以上表决同意

B. 二者均须全体股东的 2/3 以上表决同意

C. 股份有限公司须全体股东所持表决权的 2/3 以上表决通过，有限责任公司则须出席股东会的股东所持表决权的 2/3 以上表决通过

D. 有限责任公司须全体股东所持表决权的 2/3 以上表决通过，而股份有限公司则须出席股东会的股东所持表决权的 2/3 以上表决通过

2. 大华纺织有限公司于 2022 年 5 月向 G 银行借款 500 万元，在借款未还的情况下，该公司于 2025 年变更为大华纺织股份有限公司。依《公司法》规定，该借款应由大华纺织股份有限公司偿还，理由是（　　）。

A. 有限公司财产已全部转入了股份有限公司

B. 公司法人资格延续

C. 两种公司的股东都仅负有限责任

D. 公司的股东未变化

3. 因公司解散而清算，清算组在清理公司资产、编制资产负债表和财产清单后，发现公司财产不足以清偿债务的，应当（　　）。

A. 中止清算工作

B. 终止清算工作

C. 向公司登记机关申请注销登记，公告公司终止

D. 向人民法院申请宣告破产

4. 望角公司是一注册资本为 100 万元的有限责任公司，该公司现有总资产 500 万元，同时负债 250 万元。现公司决定解散，在清算公司财产时，清算小组的下列哪一清算方案是正确的？（　　）

A. 以 100 万元用于偿还债务，其余 400 万元由各股东按出资比例分配

B. 全部资产由各股东按出资比例分配，然后由各股东按出资比例偿还债务

C. 以 250 万元偿还债务，其余资产由各股东按出资比例分配

D. 各股东按出资比例凑够 250 万元偿还债务，然后平均分配公司资产

5. 某公司因从事非法活动构成犯罪行为被依法责令关闭，处罚金 1000 万元，同时因该非法活动导致债权人及社会公众遭受损失 2000 万元。该公司经清算并支付清算费用及职工工资税款后，只剩余 2400 万元。则关于该剩余财产的处置说法正确的是（　　）。

A. 应当支付罚金 800 万元，支付债权人及社会公众的损失 1600 万元

B. 应当优先支付罚金 1000 元，剩余的支付给债权人等的损失

C. 应当优先支付债权人等的损失 2000 万元

D. 以上说法都不正确

6. 伟仁乳品有限公司与文生牛奶有限公司合并，为此，两公司组建了由双方指定的人员组成的筹备组。该合并的当事人是（　　）。

A. 参加合并的公司

B. 参加合并的公司的股东

C. 参加合并的公司的董事会

D. 为公司合并组建的筹备组

7. 公司解散须进行清算，清算中的公司（　　）。

A. 法人资格受限制

B. 法人资格尚存

C. 已不具有法人资格

D. 法人资格冻结

8. 在特别清算中，法院（　　）。

A. 指导清算组进行清算

B. 和股东共同指定清算组成员，由清算组清算

C. 直接加入清算并监督特别清算程序

D. 与债权人共同进行清算

9. 在下列几种公司解散事由中，不需要进行清算的是（　　）。

A. 公司因合并、分立而解散

B. 公司章程规定的解散事由出现

C. 公司被依法宣告破产

D. 公司因违法被责令关闭

10. 某公司被人民法院宣告破产，其破产财产的分配方案应当（　　）。

A. 由管理人提出，经债权人会议讨论通过，报请人民法院裁定后由管理人执行

B. 由管理人提出，经债权人会议讨论通过后执行

C. 由债权人会议提出，报请人民法院裁定后执行

D. 由清算组提出，报请人民法院裁定后执行

11. 甲公司因经营难以为继，决定处置资产后歇业。乙公司得知后经与甲公司协商，以承担甲公司的银行债务和安置甲公司职工为条件，取得了甲公司的全部资产。甲公司未经清算即注销，但甲公司的债权人周某尚有 20 万元未获清偿。关于该笔债务的承担，下列哪一选项是正确的？（　　）

A. 乙公司合并了甲公司，该债务应由乙公司承担

B. 甲公司未经清算即注销，该债务应由甲公司股东承担

C. 公司登记机关允许甲公司不经清算注销，应对周某承担赔偿责任

D. 该债务应由甲公司股东和乙公司承担连带责任

12. 白阳公司分立为阳春公司与白雪有限公司时，在对原债权人甲的关系上，下列哪一说法是错误的？（　　）

A. 白阳公司应在作出分立决议之日起 10 日内通知甲

B. 甲在接到分立通知书后 30 日内，可要求白阳公司清偿债务或提供相应的担保

C. 甲可向分立后的阳春公司与白雪公司主张连带清偿责任

D. 白阳公司在分立前可与甲就债务偿还问题签订书面协议

13. 2025 年 5 月，东湖有限公司股东申请法院对公司进行司法清算，法院为其指定相关人员组成清算组。关于该清算组成员，下列哪一选项是错误的？（　　）

A. 公司债权人唐某

B. 公司董事长程某

C. 公司财务总监钱某

D. 公司聘请的某律师事务所

14. 2025 年，甲、乙、丙、丁共同设立 A 有限责任公司。丙以下列哪一理由提起解散公司的诉讼法院应予受理？（　　）

A. 以公司董事长甲严重侵害其股东知情权，其无法与甲合作为由

B. 以公司管理层严重侵害其利润分配请求权，其股东利益受重大损失为由

C. 以公司被吊销企业法人营业执照而未进行清算为由

D. 以公司经营管理发生严重困难，继续存续会使股东利益受到重大损失为由

15. 某经营高档餐饮的有限责任公司，成立于 2021 年。最近 4 年来，因受市场影响，公司业绩逐年下滑，各董事间又长期不和，公司经营管理几近瘫痪。股东张某提起解散公司诉讼。对此，下列哪一表述是正确的？（　　）

A. 可同时提起清算公司财产的诉讼

B. 可向法院申请财产保全

C. 可将其他股东列为共同被告

D. 如法院就解散公司诉讼作出判决，仅对公司具有法律拘束力

多项选择题

1.《公司法》为保护公司的债权人，设立了一系列强制性的规则。以下各项中，哪些属于这样的规则？（　　）

A. 有限责任公司依法变更为股份有限公司的，变更前公司的债权由变更后的公司继承

B. 公司合并的，应当自作出合并决议之日起 30 日内在报纸上公告

C. 公司弥补亏损和提法定公积金前不得向股东分配利润

D. 上市公司应当依照法律、行政法规的规定披露其财务状况、经营情况及重大诉讼等信息

2. 以下公司将可能被公司登记机关吊销其营业执照的有（　　）。

A. 甲公司成立后没有正当理由连续 6 个月没有开业

B. 乙公司开业后自行停业连续达 6 个月

C. 丙公司在依法向有关主管部门提供的财务会计报告等材料上作虚假记载或隐瞒重要事项

D. 丁公司在法定的会计账簿以外另立会计账簿

3. 2024 年 6 月 30 日，A 有限公司董事会将拟定的与另一家有限公司的合并协议提交股东会讨论作出特别决议，同意合并。合并决议通过后，公司于 2024 年 10 月在报上做出了两次公告。11 月，A 有限公司的债权人之一 B 有限公司得知消息遂要求 A 有限公司在合并前偿还欠款 100 万元。A 公司以该欠款将由合并后的公司偿还为由而拒绝偿还。对于本案，下列说法正确的有哪些？（　　）

A. A 公司与另一家有限公司的合并，应该由股东会的代表 2/3 以上表决权的股东同意

B. A 公司应该在作出合并决议起 10 日内通知债权人，并于 30 日内在报上公告

C. B 公司有权要求 A 公司清偿债务或者提供相应的担保

D. A 公司如果不清偿对 B 公司的债务或者提供相应的担保，则与另一公司不得合并

4. 因公司章程所规定的营业期限届满，蒙玛有限公司进入清算程序。关于该公司的清算，下列哪些选项是错误的？（　　）

A. 在公司逾期不成立清算组时，公司股东可直接申请法院指定组成清算组

B. 公司在清算期间，由清算组代表公司参加诉讼

C. 债权人未在规定期限内申报债权的，则不得补充申报

D. 法院组织清算的，清算方案报法院备案后，清算组即可执行

5. 甲公司欠乙公司货款 100 万元、丙公司货款 50 万元。2024 年 9 月，甲公司与丁公司达成意向，拟由丁公司兼并甲公司。乙公司原欠丁公司租金 80 万元。下列哪些表述是正确的？（　　）

A. 甲公司与丁公司合并后，两个公司的法人主体资格同时归于消灭

B. 甲公司与丁公司合并后，丁公司可以向乙公司主张债务抵销

C. 甲公司与丁公司合并时，丙公司可以要求甲公司或丁公司提供履行债务的担保

D. 甲公司与丁公司合并时，应当分别由甲公司和丁公司的董事会作出合并决议

6. 张某、李某为甲公司的股东，分别持股 65% 与 35%，张某为公司董事长。为谋求更大的市场空间，张某提出吸收合并乙公司的发展战略。关于甲公司的合并行为，下列哪些表述是正确的？（　　）

A. 只有取得李某的同意，甲公司内部的合并决议才能有效

B. 在合并决议作出之日起 15 日内，甲公司须通知其债权人

C. 债权人自接到通知之日起 30 日内，有权对甲公司的合并行为提出异议

D. 合并乙公司后，甲公司须对原乙公司的债权人负责

不定项选择题

张某、方某共同出资，分别设立甲公司和丙公司。2025 年 3 月 1 日，甲公司与乙公司签订了开发某房地产项目的《合作协议一》，约定如下："甲公司将丙公司 10%的股权转让给乙公司，乙公司在协议签订之日起三日内向甲公司支付首付款 4000 万元，尾款 1000 万元在次年 3 月 1 日之前付清。首付款用于支付丙公司从某自然资源部门购买 A 地块土地使用权。如协议签订之日起三个月内丙公司未能获得 A 地块土地使用权致双方合作失败，乙公司有权终止协议。"

《合作协议一》签订后，乙公司经甲公司指示向张某、方某支付了 4000 万元首付款。张某、方某配合甲公司将丙公司的 10%的股权过户给了乙公司。

2025 年 5 月 1 日，因张某、方某未将前述 4000 万元支付给丙公司致其未能向某自然资源部门及时付款，A 地块土地使用权被收回并挂牌卖掉。

2025 年 6 月 4 日，乙公司向甲公司发函："鉴于土地使用权已被自然资源部门收回，故我公司终止协议，请贵公司返还 4000 万元。"甲公司当即回函："我公司已把股权过户到贵公司名下，贵公司无权终止协议，请贵公司依约支付 1000 万元尾款。"

2025 年 6 月 8 日，张某、方某与乙公司签订了《合作协议二》，对继续合作开发房地产项目做了新的安排，并约定："本协议签订之日，《合作协议一》自动作废。"丁公司经甲公司指示，向乙公司送达了《承诺函》："本公司代替甲公司承担 4000 万元的返还义务。"乙公司对此不置可否。

请回答第（1）~（6）题：

（1）关于《合作协议一》，下列表述正确的是（　　）。

A. 是无名合同

B. 对股权转让的约定构成无权处分

C. 效力待定

D. 有效

（2）关于 2025 年 6 月 4 日乙公司向甲公司发函，下列表述正确的是（　　）。

A. 行使的是约定解除权

B. 行使的是法定解除权

C. 有权要求返还 4000 万元

D. 无权要求返还 4000 万元

（3）关于 2025 年 5 月 1 日张某、方某未将 4000 万元支付给丙公司，应承担的责任，下列表述错误的是（　　）。

A. 向乙公司承担违约责任

B. 与甲公司一起向乙公司承担连带责任

C. 向丙公司承担违约责任

D. 向某自然资源部门承担违约责任

（4）关于甲公司的回函，下列表述正确的是（　　）。

A. 甲公司对乙公司解除合同提出了异议

B. 甲公司对乙公司提出的异议理由成立

C. 乙公司不向甲公司支付尾款构成违约

D. 乙公司可向甲公司主张不安抗辩权拒不向甲公司支付尾款

（5）关于张某、方某与乙公司签订的《合作协议二》，下列表述正确的是（　　）。

A. 有效

B. 无效

C. 可变更

D.《合作协议一》被《合作协议二》取代

（6）关于丁公司的《承诺函》，下列表述正确的是（　　）。

A. 构成单方允诺

B. 构成保证

C. 构成并存的债务承担

D. 构成免责的债务承担

名词解释

1. 公司的合并

2. 公司的分立

3. 公司解散

简答题

1. 简述公司解散的法律后果。

2. 简述公司合并的形式。

3. 公司分立程序的相关规定。

4. 公司合并的法律后果。

论述题

试述我国公司合并的程序。

案例分析题

1. 某有限责任公司董事长郑某、监事宋某滥用职权，以明显高于市场的价格引进生产材料，使公司蒙受损失 45 万元，而二人私拿回扣各 5 万元。从此以后，两人设立私人小金库，利用职权所得的各种好处费都纳入小金库。二人滥用职权谋取私利的行为被股东会察觉，责令其停职反省，查清事实，按公司章程处理。

请问：

（1）有限责任公司董事及监事的任期为几年？对其资格有哪些限制？

（2）董事、监事等人不得从事哪些违法活动？题中行为有何法律后果？

2. 东方商贸有限责任公司是一家经营药材批发的企业，宏伟医药有限责任公司是一家从事药品生产、销售的企业，双方在严酷的市场竞争面前，决定合二为一，增强企业的竞争能力。东方商贸有限责任公司与宏伟医药有限责任公司的董事会经多次磋商，签订了合并协议，编制了资产负债表及财产清单。双方为提高效率，节约时间，于是在作出合并协议 10 天内通知了部分债权人，同时双方决定，部分偏远省市的债权人就不必通知了。过了 30 天后东方公司与宏伟公司去公司登记机关办理了注销登记，成立了东宏有限责任公司。公司成立不久，东方公司的原债权人李某来要账，东宏有限责任公司的工作人员对其说："东方公司已经不存在了，你的债务我们也管不着。"

请问：

（1）公司合并有几种方式？上述公司合并属于什么方式？

（2）东方公司与宏伟公司的合并协议合法吗？

（3）东方公司与宏伟公司是否切实履行了债权人保护程序？

（4）东宏公司工作人员对李某所说的话有法律依据吗？

3. A 公司与 B 公司共同发起设立 C 公司。2021 年 1 月至 2022 年 9 月，A 公司承包经营 C 公司，约定 C 公司在承包经营期间的债权债务由承包人 A 公司负责承担。2022 年 9 月 15 日，C 公司召开董事会，同意 A 公司提出的终止承包合同的申请；同时，对经营期间的债权债务做出决定，会议纪要涉及债权债务的内容为：“A 公司在经营期间所欠王某债务 51 万元，由 A 公司负责偿还。”A 公司同意支付该欠款。2022 年 10 月，C 公司出具一张证明给王某，内容为：“王某：截至 2022 年 10 月我公司欠你材料货款 51 万元，请核实。”2024 年 9 月，C 公司被宣告破产，王某向清算组申报了债权。2024 年 10 月破产还清程序终结，王某的债权未获清偿。故现在王某起诉 A 公司，要求其偿还所欠货款 51 万元。

请问：

（1）A 公司承包经营 C 公司是否合法？为什么？

（2）在该案中，C 公司所欠王某的 51 万元债务由 C 公司承担，还是由 A 公司承担，说明理由。

（3）假如王某之债务应由 C 公司承担，在 C 公司破产后，C 公司没有足够资产偿付王某债务，王某债务如何处理？为什么？

（4）假如王某之债务应由 C 公司承担，如果在破产程序终结后，发现破产人隐匿价值 100 万元的资产，王某的债务能够得到清偿吗？他应当通过什么程序获得救济？

第十四章　证券法的基本问题

基础知识图解

- 证券法的基本问题
  - 证券概述
    - 证券的概念与法律特征
    - 证券的分类：股票、债券
    - 证券市场及其结构
      - 证券市场与金融市场
      - 证券市场的法律特征
      - 证券市场的内部结构
    - 证券市场的功能与法律控制：财政法律控制、货币法律控制、信贷法律控制、投资法律控制
  - 证券法概述
    - 证券法的概念与调整对象
    - 证券法的原则：公开、公平、公正
    - 证券法的体系与结构
    - 我国证券立法的历史与现状
  - 证券监督管理机构
    - 性质：专业性、行政性、执法性
    - 管理体制：自律性管理体制和集中型管理体制
    - 职责范围
    - 工作人员的行为准则
    - 证券监管的国际合作

配套测试

单项选择题

1. 根据我国《证券法》的规定，下列陈述正确的是（　　）。

A. 我国证券业和银行业、信托业、保险业实行集中统一管理

B. 国家金融监督管理总局根据需要可以设立派出机构，按照授权履行监督管理职责

C. 公开发行证券，必须符合法律、行政法规规定的条件，并依法报经国务院证券监督管理机构或者国务院授权的部门注册

D. 国家财政机关依法对证券交易场所、证券公司、证券登记结算机构、证券监督管理机构进行审计监督

2. 下列证券中哪一种证券的发行和交易不适用我国证券法？（　　）

A. 股票　　B. 公司债券

C. 存托凭证　　D. 国库券

3. 我国对证券发行、交易采用的监管体制是（　　）。

A. 以政府管理为主，以证券业自律为辅的管理制度

B. 政府管理制度

C. 以证券业自律为主，以政府管理为辅的管理制度

D. 自律管理制度

4. 关于证券的法律特征，下列说法错误的是（　　）

A. 证券是一种投资权利证书

B. 证券是一种可转让的权利证书

C. 证券一种面值不均等的权利证书

D. 证券是一种含有风险的权利证书

5. 关于股票与债券的比较，下列哪一表述是正确的？（　　）

A. 有限责任公司和股份有限公司都可以成为股票和债券的发行主体

B. 股票和债券具有相同的风险性

C. 债券的流通性强于股票的流通性

D. 股票代表股权，债券代表债权

6. 证券公司从事证券自营业务时，（　　）属于禁止性行为。

①违反规定委托他人代为买卖证券

②将自营账户借给他人使用

③将自营业务与经纪业务混合操作

④违反规定购买本证券公司控股股东或者与本证券公司有其他重大利害关系的发行人发行的证券

A. ①②

B. ②③④

C. ①②③④

D. ③④

多项选择题

1. 关于证券市场的表述，下列说法错误的是（　　）。

A. 证券市场包括发行市场和交易市场

B. 证券发行市场是一个由证券出让者、交易场所、证券购买者三者构成的市场

C. 证券市场的交易量，不仅代表现有证券所有权的转移，还代表社会资本存量的增加

D. 场内交易市场的交易机制和方式比场外交易市场的更灵活

2. 国务院证券监督管理机构在对证券市场实施监督管理时，要履行哪些职责？（　　）

A. 制定从事证券业务人员的资格标准和行为准则

B. 审批证券交易所的设立和解散

C. 制定有关证券市场监督管理的规章、规则

D. 对证券交易所的证券业务活动进行监督管理

3. 国务院证券监督管理机构依法履行职责时，可以采取下列哪些措施？（　　）

A. 进入涉嫌违法行为发生场所调查取证

B. 查询当事人和与被调查事件有关的单位和个人，要求其对与被调查事件有关的事项作出说明

C. 查阅、复制当事人和与被调查事件有关的单位和个人的证券交易记录、登记过户记录、财务会计资本材料及其他相关文件和资料

D. 干预证券交易所的日常经营管理

4. 某公司为扩大生产经营规模增发新股，下列股东会所拟定的发行新股的方案中，哪几项不符合法律规定？（　　）

A. 花花乳业公司的股东有优先认购权

B. 为吸引更多的投资，拟按股票票面价值的八八折发行

C. 所发行的新股全部为无记名股票

D. 所发行的新股全部由一家证券公司包销

名词解释

1. 信息公开制度

2. 证券法的调整对象

简答题

1. 简述证券的法律特征。

2. 简述证券的分类。

论述题

论述证券法的“三公原则”。

第十五章　证券市场主体法律制度

基础知识图解

- 证券市场主体法律制度
  - 证券交易所
    - 概念及法律特征：依据国家有关法律设立的，为证券集中交易提供场所和设施，组织和监督证券交易，实行自律管理的法人
    - 功能
    - 设立与解散
    - 职责范围与法定义务
    - 组织机构：会员大会、理事会、总经理、专门委员会
  - 证券公司
    - 概念及法律地位：是指依照公司法规定，经证券监督管理机构批准设立的从事证券经营业务的有限责任公司或股份有限公司
    - 种类和业务范围
    - 设立条件和程序
    - 业务管理和风险控制：证券公司的负债管理、风险管理、账户管理以及禁止的业务行为
  - 证券登记结算机构
    - 概念和职能：是指为证券交易提供集中的登记、存管与结算服务的不以营利为目的的法人
    - 设立条件和程序
    - 风险防范及业务管理
  - 证券交易服务机构
    - 概述
    - 证券投资咨询机构
    - 证券资信评估机构
    - 其他证券交易服务机构：会计师事务所、律师事务所
  - 证券业协会
    - 性质和职责
    - 会员及内部管理

配套测试

单项选择题

1. 证券交易所的设立和解散，由（　　）决定。

A. 国务院证券监管部门

B. 国务院

C. 证券业协会

D. 证券交易所理事会决定，国务院证券监管部门备案

2. 设立证券公司，应当经（　　）审查批准。

A. 国务院

B. 证券业协会

C. 国务院证券监管机构

D. 由证券业协会决定，由国务院审批

3. 关于证券业协会的说法不正确的是（　　）。

A. 是自律性组织

B. 是社会团体法人

C. 其权力机构成员由国务院证券监督管理部门任免

D. 不以营利为目的

4. 下列关于证券登记结算机构的说法中，不正确的是（　　）。

A. 属于企业法人

B. 为证券交易提供集中的登记、存管与结算服务，不以营利为目的

C. 其设立必须由国务院证券监督管理机构批准

D. 设立证券登记结算机构的条件之一是，自有资金不少于人民币 2 亿元

5. 我国证券法规定，证券登记结算机构应当妥善保存登记、托管和结算的原始凭证。其保存期不少于（　　）年。

A. 5　　B. 10　　C. 15　　D. 20

6. 为股票发行出具法律意见书的律师事务所律师，应遵守以下哪一项规定？（　　）

A. 不得持有股票

B. 在该股票承销期满后 6 个月内，不得持有该股票

C. 不得买卖股票

D. 在该股票承销期内和期满后 6 个月内，不得买卖该股票

7. 证券公司每年应从业务收入中提取（　　），用于弥补证券交易的损失。

A. 交易风险基金　　B. 交易风险准备金

C. 公积金　　D. 交易保证金

8. 证券公司的自营业务应当采取下列哪种方式进行？（　　）

A. 以客户的名义

B. 以其他证券公司的名义

C. 以自己的名义

D. 以客户经理的名义

9. 证券业协会的常设机构为（　　）。

A. 董事会　　B. 理事会

C. 会员大会　　D. 股东会

10. 证券公司经营证券经纪业务的，注册资本的最低限额是人民币多少元？（　　）

A. 3000 万元　　B. 5000 万元

C. 3 亿元　　D. 5 亿元

11. 根据我国《证券法》的规定，证券公司的设立不需要满足以下哪项要求？（　　）

A. 有符合法律、行政法规规定的公司章程

B. 有完善的风险管理与内部控制制度

C. 全体股东及公司的实际控制人具有良好的财务状况和诚信记录，最近三年无重大违法违规记录

D. 有符合本法规定的公司注册资本

12. 下列机构中哪一家不是证券交易服务机构？（ ）

A. 证券资信评估机构

B. 证券登记结算机构

C. 证券投资咨询机构

D. 为证券上市出具法律意见书的律师事务所

13. 证券业协会的章程由（ ）。

A. 国务院证券监督管理机构制定，并报国务院批准

B. 国务院证券监督管理机构制定，并报国务院备案

C. 会员大会制定，并报国务院证券监督管理机构批准

D. 会员大会制定，并报国务院证券监督管理机构备案

14. 我国设立证券公司采取（ ）。

A. 登记制　　B. 注册制

C. 备案制　　D. 审批制

15. 为证券的发行、上市或者证券交易活动出具审计报告、资产评估报告或者法律意见书等文件的专业机构和人员，应对其所出具报告的真实性、准确性和完全性进行核查和验证，并就其负有责任的部分承担（ ）。

A. 连带赔偿责任　　B. 按份责任

C. 补充责任　　D. 过错推定责任

16. 下列做法正确的是（ ）。

A. 为股票发行出具审计报告的专业机构，在自开始承销该股票之日起的 6 个月内，买卖该种股票

B. 为上市公司出具资产评估报告文件的人员，自接受委托之日起至资产评估报告文件公布后第 14 日，买卖该种股票

C. 证券公司可以随时为客户买卖提供融资融券服务

D. 李某原为一私营企业主，后因经验丰富，管理企业有方，被聘为上海证券交易所负责人后，仍持有在上证上市的长虹集团的股票

17. 某上市公司因披露虚假年度财务报告，导致投资者在证券交易中蒙受重大损失。关于对此承担民事赔偿责任的主体，下列哪一选项是错误的？（ ）

A. 该上市公司的监事

B. 该上市公司的实际控制人

C. 该上市公司财务报告的刊登媒体

D. 该上市公司的证券承销商

多项选择题

1. 下列人员中，在任期或者法定限期内，不得直接或者以化名、借他人名义持有、买卖股票的有（ ）。

A. 证券交易所从业人员

B. 证券公司从业人员

C. 证券监督管理机构工作人员
D. 证券发行公司从业人员

2. 下列关于会员制证券交易所的特征，错误的是？(　　)
A. 会员制证券交易所以营利为目的
B. 上海证券交易所属于会员制证券交易所
C. 在存续期间定期将财产积累分配给会员
D. 其财产积累归交易所自身所有

3. 下列何人不能担任海天证券公司的董事？(　　)
A. 张某，获得证券从业资格的名牌大学毕业生
B. 曾某，3 年前任证券登记结算机构的负责人，因违法行为而被解除职务
C. 王某，原某会计师事务所注册会计师，3 年前因违法行为而被撤销资格
D. 李某，退休干部，年近 80 岁

4. 下列关于证券公司的表述中，哪些是正确的？(　　)
A. 进入证券交易所参与集中竞价交易的，必须是具有证券交易所会员资格的会员
B. 证券公司应当加入证券业协会
C. 证券公司的董事、监事、经理不得在其他证券公司中兼任职务
D. 证券公司的从业人员在证券交易活动中，利用职务违反交易规则的，由所属的证券公司承担全部责任

5. 根据《证券法》的规定，证券公司可以经营下列哪些业务？(　　)
A. 向其客户办理以证券作质押的贷款
B. 为自身的利益到证券交易所买卖证券
C. 为发行人代销证券
D. 受客户的委托到证券交易所买卖证券

6. 下列关于证券交易所的表述中哪些是正确的？(　　)
A. 证券交易所本身不参与证券的交易
B. 证券交易所对在交易所进行的证券实行实时监控，并按照证券监管机构的要求，对异常的交易情况提出报告
C. 上市公司可以向证券交易所申请其上市交易股票的停牌或者复牌
D. 证券交易所有权对违反交易所交易规则的人员给予纪律处分

7. 以下所列各项中，哪些是证券业协会的职责？(　　)
A. 制定会员应遵守的规则
B. 对会员之间、会员与客户之间发生的纠纷进行调解、仲裁
C. 组织会员拟定证券交易的规则
D. 组织会员就证券业的发展、运作及有关内容进行研究

8. 所列选项哪些是证券登记结算机构应当履行的职能？(　　)
A. 接受投资者的委托代为买卖证券
B. 证券的存管
C. 向投资者提供证券的投资咨询服务
D. 受发行人的委托派发证券权益

9. 依据《证券法》，下列哪些人员不得招聘为证券交易所的从业人员？(　　)
A. 赵某，原为某商业银行的行长，曾因受贿被判处有期徒刑 3 年，现已刑满释放
B. 黄某，原为某税务局的干部，因违纪被开除

C. 曾某，原为证券公司的职员，因合同期满被解雇
D. 刘某，原为证券登记结算机构的从业人员，因严重违反单位内部的规章制度给单位造成了巨额损失被除名

10. 证券公司从业人员任职消极资格为（　　）。
A. 被开除的证券交易所从业人员
B. 被开除的证券登记结算机构从业人员
C. 被开除的证券公司从业人员
D. 被开除的国家机关工作人员

11. 证券公司出现以下法定事由，必须经国务院证券监督管理机构批准（　　）。
A. 设立或撤销分支机构
B. 变更业务范围或注册资本
C. 变更公司章程中的重要条款
D. 合并、分立、变更公司形式或解散

名词解释

1. 证券交易所
2. 证券登记结算机构
3. 证券服务机构

简答题

1. 简述证券交易所的法律特征。
2. 简述证券资信评估机构的法律特征。

论述题

论述会员制证券交易所与公司制证券交易所的利弊。

第十六章　证券发行与承销法律制度

基础知识图解

- 证券发行与承销法律制度
  - 证券发行
    - 证券发行的概念与法律意义：是指证券的发行者为筹集资金依法向投资者以同一条件招募和出售股票、公司债券以及其他证券的活动
    - 发行的分类与审核
    - 证券发行信息公开
    - 保荐人制度
  - 证券承销
    - 概述
    - 承销资格
    - 承销方式：证券代销、证券助销、证券包销、承销团承销
    - 承销合同

配套测试

单项选择题

1. 上市公司对发行股票所募资金，必须按招股说明书所列资金用途使用。改变招股说明书所列资金用途的，必须经（　　）。

A. 国务院授权的部门审批

B. 国务院证券监管机构核准

C. 股东会批准

D. 董事会成员一致同意

2. 股票发行采取溢价发行的，其发行价格如何确定？（　　）

A. 由国务院证券监督管理机构确定

B. 由股东会确定，报国务院证券监督管理机构核准

C. 由发行人和承销的证券公司协商确定

D. 由董事会决定，股东会批准，再报国务院证券监督管理机构核准

3. 证券公司因购入包销售后剩余股票而持有5%以上股份的，其持有的该部分股票若需卖出，应遵守下列哪一项规定？（　　）

A. 卖出时每减少5%应向国务院证券监督管理机构、证券交易所作出书面报告，通知上市公司，并予公告

B. 卖出该股票不受6个月时间限制

C. 在6个月内不得卖出

D. 卖出时所得收益归发行股票的公司所有

4. 下列有关证券发行的表述中，正确的一项是（　　）。

A. 上市公司对公开发行股票所募资金，未经股东会作出决议改变招股说明书所列资金用途的，在向证券监督管理机构备案后即可发行新股

B. 公开发行证券的发行人有权依法自主选择承销的证券公司，但应当报国务院证券监督管理机构批准

C. 向社会公开发行的证券票面总值超过人民币5000万元的，可以由承销团承销

D. 证券的代销、包销期最长不得超过90日

5. 下列关于证券承销业务的说法，不正确的是（　　）。

A. 证券公司承销证券，应当同发行人签订代销或者包销协议

B. 代销的特点是承销期结束时，未售出的证券将被全部退还给发行人

C. 向不特定对象发行证券聘请承销团承销的，承销团应当由主承销和参与承销的证券公司组成

D. 证监会应当为发行人指定承销的证券公司

6. 一家公司经批准发行股票，后与某证券公司签订包销发行协议，因市场认购异常踊跃，该公司后悔包销费用过高，（　　）。

A. 可以降低包销费

B. 无权降低包销费

C. 可以更换包销公司

D. 有权重谈包销费

7. 以超过票面金额为股票发行价格的，其发行价格由（　　）。

A. 股东会决定

B. 发行人与承销的证券公司协商确定

C. 证券交易场所有关部门决定

D. 国务院证券管理部门决定

8. 为扩大生产规模，筹集公司发展所需资金，鄂神股份有限公司拟发行总值为1亿元的股票。下列哪一说法符合《证券法》的规定？（　　）

A. 根据需要可向特定对象公开发行股票

B. 董事会决定后即可径自发行

C. 可采取溢价发行方式

D. 不必将股票发行情况上报证券监管机构备案

9. 依据我国《证券法》的相关规定，关于证券发行的表述，下列哪一选项是正确的？（　　）

A. 所有证券必须公开发行，而不得采用非公开发行的方式

B. 发行人可通过证券承销方式发行，也可由发行人直接向投资者发行

C. 公司首次公开发行新股，应当符合最近五年财务会计报告被出具无保留意见审计报告

D. 公开发行包括向特定对象发行证券累计超过二百人，但依法实施员工持股计划的员工人数不计算在内

多项选择题

1. 根据《证券法》，下列关于证券交易方式或制度的说法，错误的是（　　）。

A. 依法公开发行的股票、公司债券及其他证券必须在依法设立的证券交易所上市交易

B. 证券交易必须采用无纸化交易方式

C. 投资者应当使用实名开立的账户进行交易
D. 证券公司不得从事向客户融资或者融券的证券交易活动
2. 某有限责任公司申请其公司债券上市交易应当符合（　　）条件。
A. 累计债券余额不超过公司净资产的 40%
B. 最近三年平均可分配利润足以支付公司债券一年的利息
C. 债券的利率不超过国务院限定的利率水平
D. 公开发行公司债券筹集的资金，不得用于弥补亏损和非生产性支出

名词解释

1. 保荐人制度
2. 证券代销
3. 证券包销

简答题

1. 简述证券发行信息公开的意义。
2. 简述证券承销（间接发行）与直接发行的区别。

论述题

试述证券发行审核制度。

案例分析题

某上市公司决定通过发行新股募集资金，用以扩大生产规模。在董事会草拟的方案中有以下主要内容：本次发行面值为人民币 7000 万元的新股，全部向社会募集；委托某证券公司独家代销，代销期为 96 天；为保证发行工作能够得到顺利开展，准备向证券管理机构、证券交易所的有关人员每人送 1000 股；同时公司考虑到受股本扩张的影响，因此预期股票利润率比同期银行利率低 0.2 个百分点。请指出该方案的错误之处。

第十七章　证券上市与交易法律制度

基础知识图解

- 证券上市与交易法律制度
  - 证券上市
    - 证券上市的概念及意义：是指发行人发行的证券，依法定条件和程序，在证券交易所或其他法定交易市场分开挂牌交易的法律行为
    - 证券上市的标准
    - 证券上市的程序
    - 证券上市的暂停与终止
      - 证券上市的暂停
        - 申请上市暂停
        - 法定上市暂停
        - 自动上市暂停
      - 证券上市的终止
        - 申请上市终止
        - 法定上市终止
        - 自动上市终止
  - 证券交易
    - 概述
    - 证券交易的一般原则
    - 证券交易的程序
    - 禁止的证券交易行为
      - 禁止内幕交易
      - 禁止操纵证券市场
      - 禁止编造传播虚假信息
      - 禁止欺诈客户
      - 禁止法人出借账户
  - 持续信息公开
    - 概念及特征
    - 公开的内容：上市公告书、中期报告、年度报告、临时报告
    - 操作规程
  - 上市公司收购
    - 概念及法律特征
    - 分类：要约、竞价、协议
    - 上市公司收购的一般原则
    - 收购的程序

配套测试

单项选择题

1. 依照《证券法》的规定，下列行为不属于操纵市场的行为是（ ）。

A. 以自己为交易对象，进行不转移所有权的自买自卖，影响证券交易价格或者证券交易量

B. 与他人串通，以事先约定的时间、价格和方式相互进行证券交易或者相互买卖并不持有的证券，影响证券交易价格或者证券交易量

C. 通过单独或者合谋，集中资金优势、持股优势或者利用信息优势联合或者连续买卖、操纵证券交易价格

D. 贾某预见市场将会转好，把自己在银行的300万元存款都买了股票

2. 福满天证券公司派驻交易所的代表张大户通过对股市行情进行分析后，认为现在是购入海天股票的最佳时机，遂电话建议其弟张小户以市价委托，张小户先在横霸证券公司开户，在接到电话又观望一段时间后作出了买入的决定。张大户的行为应如何认定？（ ）

A. 属内幕交易　　B. 属欺诈客户

C. 属误导行为　　D. 不违法

3. 在上市公司收购中，收购人对所持有的被收购的上市公司的股票，在收购行为完成后的（ ）内不得转让。

A. 1个月　　B. 3个月

C. 6个月　　D. 18个月

4. 证券交易所应当从其收取的交易费用和会员费、席位费中提取一定比例的金额设立风险基金，风险基金的使用方法由以下哪一个机构规定？（ ）

A. 国务院证券监督管理机构会同财政部

B. 证券交易所会员大会

C. 国务院证券监督管理机构

D. 证券交易所理事会

5. 通过证券交易所的证券交易，投资者持有一个上市公司已发行的股份达到哪种比例时，继续进行收购的，应当依法向该上市公司所有股东发出要约？（ ）

A. 75%　　B. 90%　　C. 30%　　D. 51%

6. 下列关于证券交易的表述中，何者为正确？（ ）

A. 党政机关的工作人员不得买卖股票

B. 为股票发行出具法律意见书的律师事务所和律师不得买卖该种股票

C. 证券的集中竞价交易应当实行时间优先、价格优先的原则

D. 证券投资咨询机构的从业人员不得买卖本咨询机构提供服务的上市公司的股票

7. 股票或者公司债券上市交易的公司，应当向（ ）提交中期报告和年度报告。

A. 证券交易所

B. 国务证券监督管理机构

C. 证券登记结算机构

D. A和B

8. 下列各项中不属于内幕信息的是（ ）。

A. 公司的高级管理人员的行为可能依法承担重大损害赔偿责任

B. 持有公司5%以上股份的股东，其持有股份情况发生较大变化

C. 公司营业用主要资产的抵押、出售或者报废一次超过该资产的20%

D. 上市公司收购的有关方案

9. 某公司一董事在董事会议上得知将收购上市公司（甲）计划，便提前购入甲公司股票3500股。收购开始后甲公司股票大幅度上涨，该董事获利。该董事的行为属于（　　）。

A. 不当得利　　B. 非法买卖股票

C. 内幕交易　　D. 欺诈客户

10. 下列哪种人员不能在证券交易所进行证券交易？（　　）

A. 经纪人　　B. 证券商

C. 专业证券商　　D. 股票发行人

11. 王某原来持有某股份有限公司股票1万股，后来，王某被聘任为某证券公司从业人员，那么王某所持有的股票应如何处理？（　　）

A. 可以王某妻子的名义继续持有

B. 可化名李某继续持有

C. 必须依法转让

D. 可以继续持有

多项选择题

1. 甲在证券市场上陆续买入力扬股份公司的股票，持股达6%时才公告，被证券监督管理机构以信息披露违法为由处罚。之后甲欲继续购入力扬公司股票，力扬股份公司的股东乙、丙反对，持股4%的股东丁同意。对此，下列哪些说法是正确的？（　　）

A. 甲的行为已违法，故无权再买入力扬公司股票

B. 乙可邀请其他公司对力扬公司展开要约收购

C. 丙可主张甲已违法，故应撤销其先前购买股票的行为

D. 丁可与甲签订股权转让协议，将自己所持全部股份卖给甲

2. 上市公司收购可以采取（　　）的方式。

A. 由证券交易所决定强制收购

B. 要约收购

C. 协议收购

D. 因被撤销而由证券监管机构指定收购人

3. 根据《证券法》的规定，投资者以协议方式实施收购上市公司时，应在3日内向（　　）报送上市公司收购协议。

A. 证券交易所

B. 国务院证券监督管理机构

C. 被收购的公司

D. 被收购公司的股东

4. 下列哪些行为属于内幕交易行为？（　　）

A. 内幕人员利用内幕信息买卖证券

B. 内幕人员根据内幕信息建议他人买卖证券

C. 内幕人员向他人泄露内幕信息，使他人利用该信息进行内幕交易

D. 非内幕人员根据其获得的内幕信息买卖证券或建议他人买卖证券

5. 下列选项中符合证券法有关要约收购规定的有（　　）。
A. 采取要约收购方式的，收购人在收购要约期限内，不得采取要约规定以外的形式和超出要约的条件买卖被收购公司的股票
B. 收购人经股东会同意可以变更要约中的事项
C. 收购人需要变更收购要约的，应当及时公告，载明具体变更事项
D. 收购人可根据情况以超出要约的条件买卖被收购公司的股票
6. 下列关于证券交易所交易规则的表述中正确的有（　　）。
A. 进入证券交易所参与集中竞价交易的，必须具有证券交易所的会员资格
B. 证券公司受投资者的委托，按照价格优先的规则提出交易申报，参与证券交易所场内的集中竞价交易
C. 证券公司接受委托当日买入的证券，不得在当日再行卖出
D. 投资者应委托为其开户的证券公司代其在交易所买卖
7. 在以下机构中，哪些可以对上市公司的信息披露实施监督？（　　）
A. 证券公司
B. 证券登记结算机构
C. 证券交易所
D. 国务院证券监督管理机构
8. 证券公司及其从业人员在下列行为中，哪些是属于证券法禁止的损害客户利益的行为？（　　）
A. 为牟取佣金收入，诱使客户进行不必要的证券买卖
B. 违背客户的委托为其买卖证券
C. 以自己为交易对象，进行不转移所有权自买自卖，影响证券交易价格或者证券交易量
D. 不在规定的时间内向客户提供交易的书面确认文件
9. 在以下各项中，哪些符合证券法中有关上市公司收购的规定？（　　）
A. 在收购要约的有效期限内，收购人不得撤回其收购要约
B. 收购要约中提出的各项条件，适用于被收购公司所有的股东
C. 收购要约的期限不得少于30日，并不得超过60日
D. 采取要约收购方式的，收购人在收购要约期限内，不得采取要约规定以外的形式和超出要约的条件买卖被收购公司的股票
10. 在下列关于证券交易的表述中，哪些是错误的？（　　）
A. 国有企业和国有资产控股的企业，不得炒作上市交易的股票
B. 证券投资咨询机构应对其咨询对象证券交易的损失负赔偿责任
C. 经依法核准的上市交易的证券，应当在证券交易所挂牌交易
D. 为股票发行出具审计报告、法律意见书等文件的专业机构和人员，始终不得买卖股票
11. 以下行为中，哪些是违反我国《证券法》的？（　　）
A. 陈某，为某投资咨询公司的职员，接受朋友的委托代为买卖证券
B. 王某，为某证券登记结算机构的从业人员，持有某公司的股票作长线投资
C. 张某，为某投资咨询公司的职员，为自身买卖本公司提供服务的某上市公司的债券
D. 周某，为证券监督管理机构的工作人员，在证券公司的柜台上买卖公司债券
12. 依据《证券法》，下列有关上市公司收购的表述中，哪些是错误的？（　　）
A. 上市公司的收购有期限的限制，不得少于30日，并不得超过60日
B. 上市公司的收购中涉及国家股的，只能采用协议收购的方式

C. 收购行为完成后的6个月内，收购人对所持有的上市公司的股票不得转让
D. 上市公司收购的收购人只能是法人投资者，个人投资者不能进行收购
13. 证券公司代理买卖证券，以下表述正确的是（　　）。
A. 须按委托进行，并制作买卖成交报告单交付客户
B. 对账单内容必须核实
C. 审核人员须逐笔审核对账单
D. 要保证账面证券余额与实际持有的证券相一致
14. 强制收购的条件是（　　）。
A. 收购要约的期限届满
B. 被收购公司股权分布已不符合上市条件
C. 收购人以外持有该上市公司股票的股东有权要求收购人收购其所持股票
D. 收购须以收购要约中的同等条件进行
15. 根据《证券法》的规定，内幕交易行为具体包括（　　）。
A. 内幕人员利用内幕信息买卖证券，或根据内幕信息建议他人买卖证券
B. 内幕人员向他人泄露内幕信息，使他人利用该信息买卖证券
C. 非内幕人员通过不正当手段或者其他途径获得内幕信息，并根据该信息买卖证券或建议他人买卖证券
D. 非内幕人员通过不正当手段或者其他途径获得内幕信息，并向他人泄露该信息，使他人利用该信息买卖证券
16. 下列关于要约收购，说法错误的是（　　）。
A. 上市公司发行不同种类股份的，收购人针对不同种类股份只能提出相同的收购条件
B. 采取要约收购方式的，收购人在收购期限内，仍然可以买卖被收购公司的股票
C. 收购人需要变更收购要约的，不得缩短收购期限
D. 收购人需要变更收购要约的，可以提高收购价格，但不得减少
17. 下列关于上市公司收购的说法正确的有哪些？（　　）
A. 上市公司收购可以采取要约收购或者协议收购的方式
B. 投资者持有一个上市公司已发行的股份的5%时，应当在该事实发生之日起3日内，向国务院证券监督管理机构、证券交易所作出书面报告，通知该上市公司，并予以公告
C. 收购要约的期限不得少于20日，并不得超过1年
D. 在收购要约的有效期限内，收购人不得撤回其收购要约
18. 甲公司申请其首次发行的公司债券上市交易。下列说法错误的是（　　）。
A. 该公司最近3年平均可分配利润足以支付公司债券10个月的利息
B. 该公司要改变所募集资金用途，必须经董事会作出决议
C. 该公司发行公司债券筹集的资金，可以先行用于弥补亏损和非生产性支出
D. 该公司应当具备健全且运行良好的组织机构
19. 依照《证券法》，以下对证券公开发行的叙述中，哪些是正确的？（　　）
A. 向不特定对象发行证券，属于公开发行
B. 向累计超过二百人的特定对象发行证券，属于公开发行
C. 发行人公开发行的证券，必须由证券公司承销
D. 未经依法核准，任何单位和个人不得公开发行证券
20. 根据《证券法》的规定，下列关于公开发行股票的说法错误的是（　　）。
A. 必须是向特定对象发行股票

B. 向累计超过 300 人的特定对象发行证券属于公开发行股票

C. 向累计超过 100 人的特定对象发行证券属于公开发行股票

D. 公开发行股票，依法采取承销方式的，应当聘请具有保荐资格的机构担任保荐人

21. 吉达公司是一家上市公司，公告称其已获得某地块的国有土地使用权。嘉豪公司资本雄厚，看中了该地块的潜在市场价值，经过细致财务分析后，拟在证券市场上对吉达公司进行收购。下列哪些说法是正确的？（　　）

A. 若收购成功，吉达公司即丧失上市资格

B. 若收购失败，嘉豪公司仍有权继续购买吉达公司的股份

C. 嘉豪公司若采用要约收购则不得再与吉达公司的大股东协议购买其股份

D. 待嘉豪公司持有吉达公司已发行股份 30%时，应向其全体股东发出不得变更的收购要约

名词解释

1. 证券交易

2. 内幕交易

简答题

1. 简述证券上市与证券发行的区别。

2. 简述投资者适当性制度。

论述题

试述持续信息公开的概念、特点和内容。

案例分析题

1. 某股份有限公司在沪市交易所临近收市时通过 4 个 A 字头个人账户，进行连续交易，却以不转让证券所有权的方式，虚假买卖，从而抬高本公司股票的价格，致使该公司股票当日收盘价比前日上涨 100%。此后 1 个月中，该公司证券部先后动用资金近 2000 万元，买入本公司股票 398. 12 万股。后来，该公司证券部将上述股票及此前所存股票全数抛出，共获利 587. 97 万元。

请问：本案应当如何处理？

2. 赵某为某证券公司的董事，2024 年 3 月至 2025 年 1 月，赵某多次将公司对股市的分析预测告知其妻孙某。孙某在此期间通过购买红叶客车股、金长城电脑股，获利 30 万余元。

请问：对赵某的行为应如何定性？

第十八章 证券投资基金法律制度

基础知识图解

- 证券投资基金法律制度
  - 概述
    - 定义和特征
    - 分类
      - 公司型与契约型证券投资基金
      - 开放型与封闭型证券投资基金
    - 作用
  - 证券投资基金的设立、募集与交易
  - 基金托管人和基金管理人
    - 基金契约当事人及其关系
    - 基金托管人
    - 基金管理人
    - 基金持有人的权利与义务
  - 投资运作与监督管理
    - 投资组合管理
    - 财务管理
    - 监管

配套测试

单项选择题

1. 公开募集基金的基金份额持有人按（　　）享受收益和承担风险。

A. 其所持基金面额

B. 其所持基金份额

C. 基金合同

D. 收益合同

2. 基金管理公司（　　）应当报经国务院证券监督管理机构批准。

A. 甲将 7%的股份转让给乙

B. 新增丙为公司的监事

C. 解雇公司客服总经理丁

D. 办公区域由写字楼 20~25 层变为 20~26 层

3. 基金份额上市交易规则由（　　）制定。

A. 证监会

B. 基金管理公司

C. 证券交易所

D. 基金份额持有人会议

4. 某基金管理公司在2010年曾公开发售一只名为“基金利达”的封闭式基金。该基金原定封闭期15年，现即将到期，拟转换为开放式基金继续运行。关于该基金的转换，下列哪一选项是正确的？(　　)

A. 须经国务院证券监督管理机构核准

B. 转换后该基金应保持一定比例的现金或政府债券

C. 基金份额持有人大会就该转换事宜的决定应经有效表决权的1/2以上通过

D. 转换后基金份额持有人有权查阅或复制该基金的相关会计账簿等财务资料

5. 赢鑫投资公司业绩骄人。公司拟开展非公开募集基金业务，首期募集1000万元。李某等老客户知悉后纷纷表示支持，愿意将自己的资金继续交其运作。关于此事，下列哪一选项是正确的？(　　)

A. 李某等合格投资者的人数可以超过200人

B. 赢鑫公司可在全国性报纸上推介其业绩及拟募集的基金

C. 赢鑫公司可用所募集的基金购买其他的基金份额

D. 赢鑫公司就其非公开募集基金业务应向中国证监会备案

多项选择题

1. 以下说法正确的是（　　）。

A. 基金财产的债务由基金财产本身承担，基金份额持有人以其出资为限对基金财产的债务承担责任，但基金合同另有约定的，从其约定

B. 基金财产独立于基金管理人、基金托管人的固有财产

C. 基金管理人、基金托管人因基金财产的管理、运用或者其他情形而取得的财产和收益，归入基金财产

D. 基金管理人、基金托管人因依法解散、被依法撤销或者被依法宣告破产等原因进行清算的，基金财产不属于其清算财产

2. 有下列（　　）情形之一的，公开募集基金的基金管理人职责终止。

A. 被依法取消基金管理资格

B. 被基金份额持有人大会解任

C. 依法解散、被依法撤销或者被依法宣告破产

D. 基金合同约定的其他情形

3. 甲基金份额上市交易，以下哪些条件满足法律规定？(　　)

A. 基金的募集依照《证券投资基金法》进行

B. 基金合同期限为四年

C. 基金募集金额为2.7亿元人民币

D. 基金份额持有人为398人

4. 关于非公开募集基金，以下说法正确的是（　　）。

A. 非公开募集基金应当向合格投资者募集，合格投资者累计不得超过300人

B. 非公开募集基金应当通过讲座、报告会、分析会等方式向不特定对象宣传推介

C. 基金合同可以约定，由部分基金份额持有人作为基金管理人负责基金的投资管理活动，并在基金财产不足以清偿其债务时对基金财产的债务承担无限连带责任

D. 基金合同应当载明基金份额持有人增加、退出的条件、程序以及相关责任

5. 张某手头有一笔闲钱欲炒股，因对炒股不熟便购买了某证券投资基金。关于张某作为基金份额持有人所享有的权利，下列哪些表述是正确的？（　　）

A. 按份额享有基金财产收益

B. 参与分配清算后的剩余基金财产

C. 可回赎但不能转让所持有的基金份额

D. 可通过基金份额持有人大会来更换基金管理人

简答题

1. 简述股票、债券与投资基金的区别。

2. 简述公募基金与私募基金的区别。

论述题

试述投资者权益救济措施。

第十九章　企业破产法概述

基础知识图解

企业破产法概述
- 企业破产法的概念与破产法律制度的构成
  - 破产的概念及其演变
  - 破产法律制度的构成：和解；重整；清算
- 企业破产法的概念与立法体例
- 企业破产法的立法目的
- 破产程序的启动机制：债权人利益的终极保护、债务人的必要挽救与救济、健康的财务危机处理机制和有序的市场主体退出机制

配套测试

单项选择题

1. 破产案件由（　　）管辖。

A. 破产财产所在地法院

B. 债务人住所地法院

C. 债务人主管部门所在地法院

D. 债权人会议与清算组依照法律规定约定的法院

2. 企业申请破产的条件是（　　）。

A. 产品严重积压，濒临倒闭

B. 资不抵债，经上级主管部门批准或决定

C. 不能清偿到期债务，并且资产不足以清偿全部债务或者明显缺乏清偿能力的

D. 经营管理不善，又无法通过整顿扭转局面

3. 某公司自成立以来，业绩一般，其后因经营管理不善，严重亏损，对外负债远远超过公司注册资本，且公司已无力清偿，该企业向人民法院申请破产。人民法院在受理后经审查认定该公司符合法定破产条件，于是裁定该公司申请破产案进入破产还债程序。其后，法院主持召开了第一次债权人会议，但在会议上，有部分债权人提出不同意宣告该公司破产。法院应如何处理？（　　）

A. 法院仍可宣告该公司破产

B. 法院应尊重该部分提出异议的债权人意见，不予宣告该公司破产

C. 法院应在债权人会议后，对该部分债权人提出异议的理由予以审查，依审查结果的不同决定是否宣告该公司破产

D. 因该公司已达到破产界限，所以法院应尽量做好提出异议的债权人的工作，然后宣告该公司破产

多项选择题

1. 企业法人不能清偿到期债务，并且资产不足以清偿全部债务或者明显缺乏清偿能力的，根据《企业破产法》的规定，该企业法人可以选择以下哪些程序处理其与债权人之间的债权债务关系？（　　）

A. 申请破产清算

B. 直接向法院申请和解

C. 决议解散并进行清算

D. 直接向法院申请重整

2. 中南公司不能清偿到期债务，债权人天一公司向法院提出对其进行破产清算的申请，但中南公司以其账面资产大于负债为由表示异议。天一公司遂提出各种事由，以证明中南公司属于明显缺乏清偿能力的情形。下列哪些选项符合法律规定的关于债务人明显缺乏清偿能力、无法清偿债务的情形？（　　）

A. 因房地产市场萎缩，构成中南公司核心资产的房地产无法变现

B. 中南公司陷入管理混乱，法定代表人已潜至海外

C. 天一公司已申请法院强制执行中南公司财产，仍无法获得清偿

D. 中南公司已出售房屋质量纠纷多，市场信誉差

名词解释

1. 破产

2. 支付不能

简答题

我国《企业破产法》第2条第1款规定：“企业法人不能清偿到期债务，并且资产不足以清偿全部债务或者明显缺乏清偿能力的，依照本法规定清理债务。”简析该条规定。

论述题

试论破产制度的特点。

第二十章　破产申请与破产案件的受理

基础知识图解

破产申请与破产案件的受理
- 破产程序开始的要件：能力要件；原因要件
- 破产申请与破产案件的管辖
  - 申请的主体：债权人和债务人
  - 申请的形式：提交破产申请书和有关证据
  - 管辖：地域与级别管辖
- 破产申请的受理及其法律效力

配套测试

单项选择题

1. 思瑞公司不能清偿到期债务，债权人向法院申请破产清算。法院受理并指定了管理人。在宣告破产前，持股20%的股东甲认为如引进战略投资者乙公司，思瑞公司仍有生机，于是向法院申请重整。关于重整，下列哪一选项是正确的？(　　)

A. 如甲申请重整，必须附有乙公司的投资承诺

B. 如债权人反对，则思瑞公司不能开始重整

C. 如思瑞公司开始重整，则管理人应辞去职务

D. 只要思瑞公司的重整计划草案获得法院批准，重整程序就终止

2. 关于破产案件受理后、破产宣告前的程序转换，下列哪一表述是正确的？(　　)

A. 如为债务人申请破产清算的案件，债权人可以申请和解

B. 如为债权人申请债务人破产清算的案件，债务人可以申请重整

C. 如为债权人申请债务人重整的案件，债务人可以申请破产清算

D. 如为债权人申请债务人破产清算的案件，债务人的出资人可以申请和解

3. 下列哪种在破产宣告前成立的请求权，不得成为破产债权？(　　)

A. 放弃了优先受偿权的债权

B. 有财产担保的债权，经由担保物清偿后的未足额清偿部分

C. 破产人的连带债务人，因代替破产人清偿债务而取得的求偿权

D. 破产人欠缴的税款

多项选择题

1. 舜泰公司因资产不足以清偿全部到期债务，法院裁定其重整。管理人为维持公司运行，向齐某借款20万元支付水电费和保安费，约定如齐某1年内还清借款就不计利息。1年后舜泰公司未还款，还因不能执行重整计划被法院宣告破产。关于齐某的债权，下列哪些选项是正确

的？（　　）

A. 与舜泰公司的其他债权同等受偿

B. 应从舜泰公司的财产中随时清偿

C. 齐某只能主张返还借款本金 20 万元

D. 齐某可主张返还本金 20 万元和逾期还款的利息

2. 下列关于破产申请的说法哪些是正确的？（　　）

A. 债权人和债务人都可以直接向人民法院提出破产申请

B. 债权人申请债务人破产应当向人民法院提交破产申请书和有关证据

C. 债务人可能不能清偿债务，债权人可以提出对债务人破产申请

D. 提出破产申请必须采用书面形式

3. 债务人提出破产申请时，应向人民法院提供（　　）。

A. 有关的会议报表

B. 债务清册、债权清册

C. 职工安置预案以及职工工资的支付和社会保险费用的缴纳情况

D. 财产状况说明

4. 2025 年 3 月，债权人甲公司对债务人乙公司提出破产申请。下列哪些选项是正确的？（　　）

A. 甲公司应提交乙公司不能清偿到期债务的证据

B. 甲公司应提交乙公司资产不足以清偿全部债务的证据

C. 乙公司就甲公司的破产申请，在收到法院通知之日起 7 日内可向法院提出异议

D. 如乙公司对甲公司所负债务存在连带保证人，则其可以该保证人具有清偿能力为由，主张其不具备破产原因

5. 下列属于破产债权的是（　　）。

A. 破产企业所欠职工工资和劳保费用

B. 破产企业所欠税款

C. 无财产担保的债权应计算的至破产宣告之日止的利息

D. 放弃了优先受偿权的债权

6. 2024 年 9 月 1 日，某法院受理了湘江服装公司的破产申请并指定了管理人，管理人开始受理债权申报。下列哪些请求权属于可以申报的债权？（　　）

A. 甲公司的设备余款给付请求权，但根据约定该余款的支付时间为 2024 年 10 月 30 日

B. 乙公司请求湘江公司加工一批服装的合同履行请求权

C. 丙银行的借款偿还请求权，但该借款已经设定财产抵押担保

D. 当地税务机关对湘江公司作出的 8 万元行政处罚决定

名词解释

资不抵债

简答题

1. 简述提出破产申请的情形。

2. 简述破产宣告对债务人身份和财产上的效力。

论述题

1. 试述破产案件受理的效力。

2. 试论我国《企业破产法》中的破产原因。

案例分析题

某省大地机械有限责任公司系中外合资企业，2023 年 12 月因经营不善，已达破产境地，故准备向法院申请破产，该企业的基本情况如下：该公司是在省内登记的企业；该公司的债权人某省建筑公司因经济纠纷于两个月以前起诉大地机械有限责任公司；该公司欠当地 G 银行分行贷款 2000 万元，其中的 1200 万元贷款是用该公司的固定资产作为抵押；该公司曾为吉庆公司向省 J 银行一笔 1000 万元的贷款作保证，现吉庆公司借款已到期，吉庆公司对该笔贷款并未偿还。人民法院收到破产申请后，经审查决定于 12 月 15 日立案，并指定章某独任审理此案。12 月 28 日，人民法院发布公告，通知大地机械有限责任公司的债权人来申报债权，2024 年 3 月 25 日，召开了第一次债权人会议。3 月 30 日，人民法院宣告大地机械有限责任公司破产，并在 4 月 30 日指定管理人，接管了大地机械有限责任公司。管理人讨论提出了破产财产的分配方案，决定将大地机械有限责任公司整体拍卖出售，所有债权人按比例受偿。G 银行提出异议，被人民法院驳回。

（1）请回答以下问题：

①大地机械有限责任公司申请破产应由哪级人民法院受理？

②大地机械有限责任公司与省建筑公司之间未审结的经济纠纷应该如何处理？

③G 银行的 2000 万元贷款应该如何处理？

④J 银行能否参加破产程序，申报债权？

⑤向人民法院申请破产时，应该提交哪些材料？

（2）请指出本案中法院有哪些程序上的错误？

第二十一章　破产管理人

基础知识图解

破产管理人
- 清算组制度的废除
- 破产管理人的选任
- 破产管理人的职责
- 破产管理人的义务：勤勉尽责、忠实执行职务，管理人辞去职务应经人民法院许可
- 破产管理人的权利
- 对破产管理人的监督

配套测试

单项选择题

1. 破产财产分配方案由（　　）提出。

A. 债权人会议　　B. 清算组

C. 人民法院　　D. 管理人

2. 破产财产分配完毕，由（　　）提请人民法院终结破产程序。破产程序终结后，未得到清偿的债权不再清偿。

A. 债权人会议　　B. 清算组

C. 管理人　　D. 合议庭

3. 企业破产案件中，对破产企业未履行的合同，（　　）可以决定解除或继续履行。

A. 债权人会议　　B. 管理人

C. 清算组　　D. 人民法院

4. 在下列情况中，可以向管理人主张破产抵销权是（　　）。

A. 债权人在破产受理前对破产企业发生的债务

B. 债权人在破产宣告前对破产企业发生的债务

C. 债权人在已知债务人有不能清偿到期债务，对债务人负担债务的

D. 债务人的债务人已知破产申请的事实，对债务人负担债务的

5. 千叶公司因不能清偿到期债务，被债权人百草公司申请破产，法院指定甲律师事务所为管理人。下列哪一选项是错误的？（　　）

A. 甲律师事务所租赁百草公司酒店用作管理人办公室的行为不违反《企业破产法》的规定

B. 甲律师事务所有权处分千叶公司的财产

C. 甲律师事务所有权因担任管理人而获得报酬

D. 如甲律师事务所不能胜任职务，债权人会议有权罢免其管理人资格

6. 祺航公司向法院申请破产，法院受理并指定甲为管理人。债权人会议决定设立债权人委员会。现昊泰公司提出要受让祺航公司的全部业务与资产。下列甲的哪一做法是正确的？（　　）

A. 代表祺航公司决定是否向昊泰公司转让业务与资产

B. 将该转让事宜交由法院决定

C. 提议召开债权人会议决议该转让事宜

D. 作出是否转让的决定并将该转让事宜报告债权人委员会

7. 2024 年 12 月，甲公司职工刘某因工负伤，因甲公司未缴纳工伤保险费，刘某住院后，由甲公司先行垫付医药费，并支付了相应的误工护理费。2025 年 2 月 12 日，甲公司被受理破产申请，但甲公司尚未向刘某支付伤残赔偿金和住院期间的工资待遇。关于管理人的撤销权和刘某的债权，下列说法正确的是（　　）。

A. 管理人可撤销垫付医药费

B. 管理人可撤销赔偿误工费

C. 劳动者有权在债权人会议行使表决权

D. 如刘某未申报债权，则不能参加破产清偿

多项选择题

1. 某企业长期亏损，终致资不抵债，无法清偿到期债务。债权人依法向人民法院申请宣告该企业破产。人民法院受理该破产案件后，经过审查，作出裁定，宣告该企业破产。但人民法院在审理该案过程中，发现在人民法院受理该破产申请前一年内，涉及债务人财产的下列行为，管理人有权请求人民法院予以撤销（　　）。

A. 非正常压价出售了其部分产品

B. 对原来没有财产担保的其他个别企业债务提供了财产担保

C. 对个别企业的未到期债务给予了清偿

D. 对欠企业职工的两个月工资给予了一次性补发

2. 某破产案件中，债权人向法院提出更换管理人的申请。申请书中指出了如下事实，其中哪些属于主张更换管理人的正当事由？（　　）

A. 管理人列席债权人会议时，未如实报告债务人财产接管情况，并拒绝回答部分债权人询问

B. 管理人将债务人的一处房产转让给第三人，未报告债权人委员会

C. 债权人对债务人在破产申请前曾以还债为名向关联企业划转大笔资金的情况多次要求调查，但管理人一再拖延

D. 管理人将对外追收债款的诉讼业务交给其所在律师事务所办理，并单独计收代理费

3. 根据《企业破产法》规定，关于破产管理人，下列哪些选项是错误的？（　　）

A. 自然人不得担任破产管理人

B. 破产管理人可以由法院指定或者债务人聘请，也可以由债权人会议聘请

C. 破产管理人应当在法院的指导下开展工作

D. 破产管理人的报酬由管理人与债权人会议协商确定

4. A 公司被法院受理破产清算，法院指定了管理人。A 公司的大股东及法定代表人是甲，公司的核心财务资料及印章由甲保管。管理人要求甲交接相关资料，甲回外地老家处理私人事宜，无法离开，甲告知管理人，A 公司的小股东乙也了解公司情况，让乙配合管理人。据查乙未在 A 公司担任任何职务。下列有关说法正确的是？（　　）

A. 乙有义务配合管理人

B. 法院可拘留甲

C. 因甲不配合，人民法院可直接终结破产程序

D. 法院可对甲罚款

名词解释

破产管理人

简答题

1. 简述破产管理人的职责。

2. 结合《企业破产法》简述破产管理人的监督机制。

论述题

试论破产管理人任职的积极资格和消极资格。

第二十二章　破产财产、破产费用与共益债务制度

基础知识图解

- 破产财产、破产费用与共益债务制度
  - 破产财产
    - 破产财产与破产财团
    - 破产财团的分类
    - 我国破产财产的范围及例外
  - 破产费用的概念和特征
  - 共益债务制度

配套测试

单项选择题

1. 破产企业的破产财产不包括下列哪项内容？(　　)

A. 宣告破产时破产企业经营管理的全部财产

B. 破产企业在破产宣告后至破产程序终结前所取得的财产

C. 作为担保物的财产

D. 担保物的价款超过所担保债务数额的部分

2. 人民法院裁定受理破产申请的，此前债务人尚未支付的公司强制清算费用、未终结的执行程序中产生的评估费、公告费、保管费等执行费用，下列选项中正确的是？(　　)

A. 不能清偿　　B. 由债务人财产随时清偿

C. 作为普通债权清偿　　D. 由政府垫付

3. 长虹储运公司是一家国有企业，因经营不善进入破产程序。与该公司有关的下列哪种款项或费用属于破产债权？(　　)

A. 债权人甲公司因参加破产程序花费 5 万元

B. 破产宣告时长虹储运公司欠乙公司 2 万元贷款，离偿付日期还有 1 个月

C. 长虹储运公司向银行贷款 10 万元，该项贷款以长虹储运公司价值 20 万元的房产作抵押担保

D. 长虹储运公司拖欠某市地方税务局税款 5 万元

4. 光华公司宣告破产后，下列哪些财产不属于破产财产？(　　)

A. 宣告破产时列入破产企业资产表内的厂房、机械设备和土地使用权

B. 公司所拥有的知识产权

C. 破产企业作为担保人提供的抵押物和质物

D. 破产企业在破产程序进行期间所取得的营业收入

5. 绿杨公司因严重资不抵债向法院申请破产，法院已经受理其申请。根据《企业破产法》的规定，在法院已经受理破产申请、尚未宣告绿杨公司破产之时，下列哪一项财产不构成债务人财

产？（　　）

A. 绿杨公司享有的未到期债权

B. 管理人撤销绿杨公司 6 个月前以明显不合理价格进行交易涉及的财产

C. 绿杨公司所有但已设定抵押的财产

D. 绿杨公司购买的正在运输途中的但尚未付清货款的货物

6. 某公司因经营不善，现进行破产清算。关于本案的诉讼费用，下列哪一说法是错误的？（　　）

A. 在破产申请人未预先交纳诉讼费用时，法院应裁定不予受理破产申请

B. 该诉讼费用可由债务人财产随时清偿

C. 债务人财产不足时，诉讼费用应先于共益费用受清偿

D. 债务人财产不足以清偿诉讼费用等破产费用的，破产管理人应提请法院终结破产程序

7. 关于债务人欠缴款项产生的滞纳金，下列说法正确的是？（　　）

A. 债权人可以作为破产债权申报

B. 债权人可以申报部分滞纳金作为破产债权

C. 债权人不得作为破产债权申报

D. 债权人可以申报滞纳金作为优先债权

多项选择题

1. 人民法院受理破产案件后，涉及债务人财产的下列行为无效：（　　）。

A. 债务人为维持正常生产经营进行的必要的债务清偿

B. 为逃避债务而隐匿转移财产

C. 对原来没有财产担保的债务提供财产担保

D. 虚构债务或承认不真实的债务

2. 涉及债务人财产的下列行为的法律效果表述正确的是（　　）。

A. 无偿转让财产的行为若发生在人民法院受理破产案件前 6 个月，有效

B. 为逃避债务而隐匿、转移财产的行为，无效

C. 以明显不合理的价格进行交易的，在人民法院受理破产申请前一年内，管理人有权请求人民法院予以撤销

D. 虚构债务或承认不真实的债务的，管理人有权请求人民法院予以撤销

3. 某建筑公司因严重资不抵债向法院申请破产救济。关于该案破产财产范围和清偿顺序等，下列哪些选项是错误的？（　　）

A. 该公司所欠民工工资应当列入破产费用先行清偿

B. 该公司租用甲公司的一套建筑设备不能列入破产财产

C. 该公司的一批脚手架已抵押给某银行，该批脚手架不能列入破产财产

D. 该公司员工对该公司的投资款只能作为普通债权受偿

4. 甲公司向乙银行贷款 100 万元，由 A 公司和 B 公司作为共同保证人，并以甲公司的厂房作抵押担保。其后，甲公司因严重资不抵债而向法院申请破产。法院裁定受理破产申请，并指定了破产管理人。下列哪些选项是正确的？（　　）

A. 管理人可以优先清偿乙银行的债务

B. 如 A 公司已代甲公司偿还了乙银行贷款，则其可向管理人申报 100 万元债权

C. 如乙银行不申报债权，则 A 公司或 B 公司均可向管理人申报 100 万元债权

D. 如乙银行已申报债权并获 40 万元分配，则剩余 60 万元债权因破产程序终结而消灭

名词解释

1. 债务人财产
2. 破产费用

简答题

简述破产无效行为与企业破产法上的可撤销行为的区别。

第二十三章　债权人会议

基础知识图解

- 债权人会议
  - 概说
    - 基本概念和作用
    - 组成：依法申报债权的债权人、债务人的保证人
    - 债权人委员会
  - 债权人会议的召集及其职权
  - 债权人会议的决议规则及决议效力

配套测试

单项选择题

1. 债权人会议通过和解协议，经人民法院裁定认可，(　　)，并予以公告。

A. 终结破产　　　　B. 中止破产程序

C. 终止和解程序　　　　D. 裁定进入破产整顿程序

2. 田园有限公司因管理经营不善，不能清偿到期债务，于 2024 年 10 月 10 日向人民法院申请破产。法院受理后，于 10 月 13 日在报纸上刊登公告，要求该公司的债权人申报债权，并定于 11 月 13 日召开第一次债权人会议。12 月 13 日，第一次债权人会议召开，人民法院裁定田园有限公司破产，次年 3 月 10 日，人民法院宣告债务人破产的，3 月 15 日送达债务人和管理人。根据《企业破产法》，以下哪个说法是错误的？(　　)

A. 本案中第一次债权人会议不合法

B. 本案中宣告破产裁定的送达时间不合法

C. 本案中法院以裁定形式宣告田园有限公司破产是错误的

D. 本案中田园公司可以自己提出破产申请

3. 下列有关《企业破产法》中的债权人会议，说法正确的是(　　)。

A. 在债权人会议中，仅有无财产担保的债权人享有表决权

B. 债权人会议的决议，对于全体债权人均有约束力，包括有表决权和无表决权的债权人

C. 债权人会议通过和解协议草案的决议，必须由出席会议的债权人过半数通过，并且其所代表的债权额，必须占全体债权总额的 2/3 以上

D. 债权人会议主席由全体债权人民主选举产生

4. 破产案件中，债权人应当在法定期限内申报债权，逾期未申报的，(　　)。

A. 视为自动放弃债权

B. 可以在破产财产最后分配前补充申报

C. 可以在破产程序终结前向债权人会议申报债权，经审查核实后，追加为债权人会议成员，参与破产财产分配

D. 适用《民事诉讼法》规定的代表人诉讼制度

5. 在某公司破产案件中，债权人会议经出席会议的有表决权的债权人过半数通过，并且其所代表的债权额占无财产担保债权总额的 60%，就若干事项形成决议。该决议所涉下列哪一事项不符合《企业破产法》的规定？(　　)

A. 选举 8 名债权人代表与 1 名职工代表组成债权人委员会

B. 通过债务人财产的管理方案

C. 申请法院更换管理人

D. 通过和解协议

6. 关于债权人委员会决定所议事项的通过方式，下列说法正确的是（　　）。

A. 应获得全体成员 2/3 以上通过

B. 应获得全体成员过半数通过

C. 应获得全体成员一致通过

D. 由人民法院决定

多项选择题

1. 下列关于企业破产还债程序中债权人会议的说法正确的是（　　）。

A. 所有债权人均为债权人会议成员

B. 有财产担保的债权人只有放弃优先受偿权利后，才能成为债权人会议成员

C. 债权人会议主席由人民法院从有表决权的债权人中指定

D. 应当有债务人的职工和工会的代表参加，对有关问题发表意见

2. 和解协议草案决议的通过，必须经（　　）。

A. 出席会议的有表决权的债权人的过半数通过

B. 出席会议的有表决权的债权人的 2/3 以上多数通过

C. 所代表的债权额，必须占无财产担保债权总额的半数以上通过

D. 所代表的债权额，必须占无财产担保债权总额的 2/3 以上

3. 下列有关破产案件中债权人会议的决议的表述，正确的是（　　）。

A. 债权人会议的决议的通过要求要有出席会议的有表决权的债权人的过半数赞成且赞成票所代表的债权额占无财产担保债权总额的 1/2 以上

B. 在通过和解协议草案时要求赞成票所代表的债权额占无财产担保债权总额的 2/3 以上

C. 债权人可以委托代理人出席债权人会议，行使表决权

D. 债权人认为债权人会议的决议违法的，有权在该决议作出之日起 5 日内提请人民法院裁定

4. 根据《企业破产法》的规定，在企业法人破产还债程序中，债权人可以组成债权人会议，讨论通过破产财产的处理分配方案或者和解协议。债权人会议决定事项的具体要求有哪些？(　　)

A. 债权人会议讨论通过破产财产的处理和分配方案，应由出席会议的有表决权的债权人的过半数通过

B. 债权人会议讨论通过破产财产的处理和分配方案，表决同意通过的半数的债权人所代表的债权额必须占无财产担保债权总额的 1/2 以上

C. 债权人会议通过和解协议，必须占无财产担保债权总额的 2/3 以上

D. 债权人会议通过和解协议，必须占债权总额的半数以上

5. 根据《企业破产法》的规定，破产债权的范围包括（　　）。

A. 破产宣告前成立的无财产担保的债权和放弃优先受偿权利的有财产担保的债权

B. 破产宣告时未到期的债权

C. 有财产担保的债权，其数额超过担保物的价款的，未受清偿的部分

D. 清算组决定解除破产企业未履行的合同，另一方当事人因合同解除受到的损失额

6. 下面有关破产案件中债权申报的表述，正确的是（　　）。

A. 债权申报是申报人的单方意思表示，债权人享有申报和不申报的自由

B. 债权申报以主张并证明债权为内容

C. 债权人申报债权时，应当书面说明债权的数额和有无财产担保

D. 申报债权，原则上应在法定期限以内，超过法定期限的，经向人民法院申请，可将申报期限予以适当延长，但经延长期限后仍未申报的，即彻底丧失申报权

7. 根据企业破产法律制度的规定，下列各项中，应当召开债权人会议的情形有（　　）。

A. 人民法院认为必要时

B. 管理人提议召开时

C. 债权人委员会提议召开时

D. 占债权总额 1/4 以上的债权人向债权人会议主席提议时

8. A 公司因经营不善，资产已不足以清偿全部债务，经申请进入破产还债程序。关于破产债权的申报，下列哪些表述是正确的？（　　）

A. 甲对 A 公司的债权虽未到期，仍可以申报

B. 乙对 A 公司的债权因附有条件，故不能申报

C. 丙对 A 公司的债权虽然诉讼未决，但丙仍可以申报

D. 职工丁对 A 公司的伤残补助请求权，应予以申报

名词解释

1. 债权人会议

2. 破产债权

简答题

1. 简述《企业破产法》规定的能成为债权人会议成员的资格及其权利。

2. 试述破产案件中债权人会议的地位与职权。

第二十四章　破产重整

基础知识图解

- 破产重整
  - 破产重整制度的概念和特征
  - 重整程序的启动
    - 重整申请的提出
    - 重整申请的受理
    - 重整程序的效力
  - 重整程序的终止
  - 重整计划的制定、表决与批准
    - 重整计划的制定
    - 重整计划的表决
    - 重整计划的批准
  - 重整计划的执行与效力
    - 重整计划的执行
    - 重整计划的效力
    - 法院裁定终止重整计划执行的后果
    - 重整计划执行完毕免除债务人的清偿责任

配套测试

单项选择题

1. 2024 年 3 月，甲公司因资不抵债进入破产重整程序，乙公司对甲公司享有 100 万元到期债权，但乙公司在债权申报期间并未申报债权。2025 年 1 月，甲公司重整计划执行完毕，全体普通债权人的清偿比例为 45%。下列说法正确的是（　　）。

A. 对乙公司的债权，甲公司无须承担偿还义务

B. 对乙公司的债权，参考甲公司重整方案，按同类债权等比例清偿

C. 乙公司的债权由甲公司全额清偿

D. 重整方案对乙公司不具有法律效力

2. 关于破产重整的申请与重整期间，下列哪一表述是正确的？（　　）

A. 只有在破产清算申请受理后，债务人才能向法院提出重整申请

B. 重整期间为法院裁定债务人重整之日起至重整计划执行完毕之时

C. 在重整期间，经债务人申请并经法院批准，债务人可在管理人监督下自行管理财产和营业事务

D. 在重整期间，就债务人所承租的房屋，即使租期已届至，出租人也不得请求返还

多项选择题

1. 尚友有限公司因经营管理不善，决定依照《企业破产法》进行重整。关于重整计划草案，下列哪些选项是正确的？（　　）

A. 在尚友公司自行管理财产与营业事务时，由其自己制作重整计划草案

B. 债权人参加讨论重整计划草案的债权人会议时，应按法定的债权分类，分组对该草案进行表决

C. 出席会议的同一表决组的债权人过半数同意重整计划草案，即为该组通过重整计划草案

D. 2/3 以上表决组通过重整计划草案，重整计划即为通过

2. 下列各项中属于人民法院应依法宣告破产程序终结的情形是（　　）。

A. 和解协议草案经债权人会议表决未获通过

B. 第三人为债务人提供足额担保或为债务人清偿全部到期债务

C. 债务人不能执行重整计划

D. 债务人已清偿全部到期债务

3. 下列有关重整制度的表述，说法正确的是（　　）。

A. 在重整期间，对债务人的特定财产享有的担保权暂停行使

B. 担保物有损坏或者价值明显减少的可能，足以危害担保权人权利的，担保权人可以向人民法院请求恢复行使担保权

C. 在重整期间，债务人或者管理人为继续营业而借款的，可以为该借款设定担保

D. 在重整期间，债务人的出资人可以请求投资收益分配

名词解释

1. 破产和解

2. 破产重整

论述题

论述重整制度的目的和功能。

第二十五章　破产清算

基础知识图解

- 破产清算
  - 破产宣告的程序及其法律效力
  - 破产债权：构成要件与范围
    - 限于财产上的请求权
    - 限于对人的请求权
    - 限于可强制执行的债权
    - 限于因破产受理前的原因而成立的债权
  - 破产别除权
    - 概念
    - 特征
    - 权利基础
    - 行使
  - 破产抵销权
    - 概念与设定依据
    - 适用范围及其限制
  - 破产取回权与撤销权
  - 破产财产的分配与破产程序的终结

配套测试

单项选择题

1. 企业破产时，行使破产宣告权的是（　　）。

A. 上级主管部门　　B. 市场监督管理部门

C. 仲裁机构　　D. 人民法院

2. 破产案件中，有财产担保的债权，其数额超过担保物的价款的，未受清偿的部分，（　　）。

A. 不再清偿

B. 由清算组织优先拨付

C. 就破产财产优先受偿

D. 作为普通债权依照破产程序受偿

3. 破产债权人应该向以下哪个主体去主张破产抵销？（　　）

A. 管理人　　B. 债权人会议

C. 债务人所在地人民法院　　D. 清算组

4. 2024 年 6 月经法院受理，甲公司进入破产程序。现查明，甲公司所占有的一台精密仪器，实为乙公司委托甲公司承运而交付给甲公司的。关于乙公司的取回权，下列哪一表述是错误的？(　　)

A. 取回权的行使，应在破产财产变价方案或和解协议、重整计划草案提交债权人会议表决之前

B. 乙公司未在规定期限内行使取回权，则其取回权即归于消灭

C. 管理人否认乙公司的取回权时，乙公司可以诉讼方式主张其权利

D. 乙公司未支付相关运输、保管等费用时，保管人可拒绝其取回该仪器

多项选择题

1. 有下列情形之一的，由人民法院裁定，宣告企业破产：(　　)。

A. 债务人有欺诈、恶意减少债务人财产的行为

B. 由于债务人的行为致管理人无法执行职务

C. 债务人不能执行或不执行重整计划的

D. 债务人的经营状况和财产状况继续恶化

2. 下列各项中，属于应当从破产财产中优先拨付的破产费用是(　　)。

A. 债务人财产致人损害所产生的债务

B. 管理人执行职务的费用

C. 管理、变价和分配债务人财产的费用

D. 破产案件的诉讼费用

3. 关于破产清算、重整与和解的表述，下列哪些选项是正确的？(　　)

A. 债务人一旦被宣告破产，则不可能再进入重整或者和解程序

B. 破产案件受理后，债务人可以提出和解申请

C. 即使债务人未出现现实的资不抵债情形，也可申请重整程序

D. 重整是破产案件的必经程序

4. 破产宣告后，有下列哪些情况的，人民法院应当宣告破产程序终结？(　　)

A. 债务人财产不足支付破产费用的

B. 债务人财产分配完毕，管理人提出终结破产程序申请的

C. 债权人会议提出申请

D. 和解协议未获通过

5. 破产财产优先拨付破产费用和共益债务后，按照法定顺序清偿，其最先清偿的是(　　)。

A. 破产企业所欠税款

B. 破产债权

C. 破产企业所欠职工工资

D. 破产企业所欠劳动保险费用

6. 债权人在破产程序中享有和行使别除权，应该具备以下哪些条件？(　　)

A. 债权和担保权合法成立和生效

B. 债权和担保权符合《企业破产法》的规定

C. 债权已经到期

D. 债权已经依法申报并得到确认

7. 一枝花有限公司因营业期限届满解散，并依法成立了清算组，该清算组在清算过程中实施的下列哪些行为是合法的？(　　)

A. 为使公司股东分配到更多的剩余财产，将公司的库房出租给甲公司收取租金
B. 为减少债务利息，在债权申报期间清偿了可以确定的乙公司债务
C. 通知公司的合作伙伴丙公司解除双方之间的供货合同并对其作出相应赔偿
D. 代表公司参加了一项仲裁活动并与对方当事人达成和解

8. 下列对于债权人取得的附生效条件的债权，说法正确的是（　　）。
A. 管理人不得将破产企业的财产对其进行分配
B. 管理人应该依法提存对其的分配额
C. 在最后分配公告日生效条件未成就的，应当分配给其他债权人
D. 在最后分配公告日生效条件成就的，应当将相应财产交付给债权人

9. 甲公司依据买卖合同，在买受人乙公司尚未付清全部货款的情况下，将货物发运给乙公司。乙公司尚未收到该批货物，向法院提出破产申请，且法院已裁定受理。对此，下列哪些选项是正确的？（　　）
A. 乙公司已经取得该批货物的所有权
B. 甲公司可以取回在运货物
C. 乙公司破产管理人在支付全部价款情况下，可以请求甲公司交付货物
D. 货物运到后，甲公司对乙公司的价款债权构成破产债权

10. 2024 年 8 月 1 日，某公司申请破产。8 月 10 日，法院受理并指定了管理人。该公司出现的下列哪一行为属于《企业破产法》中的欺诈破产行为，管理人有权请求法院予以撤销？（　　）
A. 2023 年 9 月 5 日，将市场价格 100 万元的仓库以 30 万元出售给母公司
B. 2023 年 10 月 15 日，将公司一辆价值 30 万元的汽车赠与甲
C. 2024 年 5 月 5 日，向乙银行偿还欠款 50 万元及利息 4 万元
D. 2024 年 6 月 10 日，以协议方式与债务人丙相互抵销 20 万元债务

11. 甲公司因不能清偿到期债务且明显缺乏清偿能力，遂于 2024 年 3 月申请破产，且法院已受理。经查，在此前半年内，甲公司针对若干债务进行了个别清偿。关于管理人的撤销权，下列哪些表述是正确的？（　　）
A. 甲公司清偿对乙银行所负的且以自有房产设定抵押担保的贷款债务的，管理人可以主张撤销
B. 甲公司清偿对丙公司所负的且经法院判决所确定的货款债务的，管理人可以主张撤销
C. 甲公司清偿对丁公司所负的为维系基本生产所需的水电费债务的，管理人不得主张撤销
D. 甲公司清偿对戊所负的劳动报酬债务的，管理人不得主张撤销

12. 法院受理了利捷公司的破产申请。管理人甲发现，利捷公司与翰扬公司之间的债权债务关系较为复杂。下列哪些说法是正确的？（　　）
A. 翰扬公司的某一项债权有房产抵押，可在破产受理后行使抵押权
B. 翰扬公司与利捷公司有一合同未履行完毕，甲可解除该合同
C. 翰扬公司曾租给利捷公司的一套设备被损毁，侵权人之前向利捷公司支付了赔偿金，翰扬公司不能主张取回该笔赔偿金
D. 茹洁公司对利捷公司负有债务，在破产受理后茹洁公司受让了翰扬公司的一项债权，因此茹洁公司无须再向利捷公司履行等额的债务

名词解释

破产撤销权

简答题

1. 简论破产抵销权及其例外。

2. 简述破产程序中的别除权。

3. 《企业破产法》上的债权人自治原则。

4. 简述公司清算组在清算期间的职权。

5. 《企业破产法》第 109 条规定："对破产人的特定财产享有担保权的权利人，对该特定财产享有优先受偿的权利。"第 113 条第 1 款规定："破产财产在优先清偿破产费用和共益债务后，依照下列顺序清偿：(一) 破产人所欠职工的工资和医疗、伤残补助、抚恤费用，所欠的应当划入职工个人账户的基本养老保险、基本医疗保险费用，以及法律、行政法规规定应当支付给职工的补偿金；(二) 破产人欠缴的除前项规定以外的社会保险费用和破产人所欠税款；(三) 普通破产债权。"试说明：

(1) 破产企业所欠的职工工资等在破产清算中的顺位？

(2) 什么是别除权？

6. 《企业破产法》关于破产清偿顺序是如何规定的？

论述题

1. 试述破产抵销权制度。

2. 试比较《企业破产法》上的抵销权与民法上的抵销权。

案例分析题

大兴公司与福田公司签订了家具购买合同。为保证合同的顺利进行，福田公司要求大兴公司提供担保。2023 年 8 月 13 日，大兴公司依约提供了担保，保证人为该地某 G 银行。后福田公司依约履行了合同。由于决策不善，一直亏损，资不抵债，2024 年 5 月 8 日，大兴公司到法院申请宣告破产。5 月 15 日法院发布了通知，福田公司由于未看到该公告，一直未申报债权。2024 年 6 月 23 日，大兴公司的保证人向人民法院申报债权，人民法院不予登记，理由是：该 G 银行不属于债权人，没有替大兴公司清偿债务。

请问：该 G 银行在替大兴公司清偿债务前可否作为债权人参加破产分配？为什么？

第二十六章　票据法概述

基础知识图解

- 票据法概述
  - 票据
    - 概念
    - 性质：设权证券、无因证券、文义证券等
    - 种类
      - 票据法上的分类：汇票、本票、支票
      - 理论上的分类：
        - 票据对权利人的不同记载方式：记名式、无记名式、指示式
        - 票据功能的不同：支付证券与信用证券
        - 出票人是否同时是付款人：自付证券和委付证券
    - 作用：支付、流通、信用、融资
  - 票据法
    - 概念
    - 我国的票据立法
  - 票据行为
    - 概念
    - 特点和性质：要式性、无因性、独立性、文义性
    - 要件：票据能力、意思表示、书面、签章、记载事项、交付
    - 代理的要件与特殊规定
  - 票据权利
    - 概念和特征
    - 取得
      - 原始取得
      - 继受取得
    - 票据抗辩：概念、种类及限制
  - 票据法上的其他问题
    - 票据的伪造与变造
    - 票据的丧失与补救
    - 票据时效与利益偿还请求权

配套测试

单项选择题

1. 票据权利是（　　），债务人履行时，不得以货物、劳务或者其他无形财产权利来代替支付金钱的义务。

A. 金钱、劳务混合债权　　　　B. 无形财产债权

C. 金钱债权　　　　D. 劳务债权

2. 所谓票据属于（　　），是指该证券的义务人只按证券上所指明的金额和条件对权利人履行义务，票据当事人就票据上的权利义务发生任何解释或履行上的不同意见，一概以票据上的文义为准。

A. 文义证券　　B. 要式证券
C. 非要式证券　　D. 债权证券

3. 只要持票人占有票据，一般（　　）就能接受其行使权利的要求。

A. 不问占有原因和资金关系
B. 只要票据持有人的姓名与票据上姓名相同
C. 能证明持票人确实属于有权占有票据的企业
D. 只要持票人票据取得合法

4. 票据的（　　）指在同一票据上有多种票据行为存在时，各种票据行为依据各自在票据上所记载的文义内容，独立发生效力，一种行为的无效，不影响其他行为的效力。

A. 特殊性　　B. 稳定性
C. 独立性　　D. 连续性

5. 依票据法原理，票据具有无因性、设权性、流通性、文义性、要式性等特征。关于票据特征的表述，下列哪一选项是错误的？（　　）

A. 没有票据，就没有票据权利
B. 任何类型的票据都必须能够进行转让
C. 票据的效力不受票据赖以发生的原因行为的影响
D. 票据行为的方式若存在瑕疵，不影响票据的效力

6.（　　）是存在于票据出票人与付款人间的基础关系。

A. 资金关系　　B. 原因关系
C. 票据关系　　D. 非票据关系

7. 甲公司为支付向乙有限公司采购商品的款项，向乙开具一张金额为100万元的银行承兑汇票，并向丙银行办理了承兑。2024年6月乙又将该票据背书给丁公司，2024年7月丁公司办公楼失火，该张票据被烧毁灭失，仅剩其留档复印件。甲公司、乙公司均在该复印件上签章，以证明彼此间的交易情况。对此，下列说法正确的是？（　　）

A. 丙银行无须承担票据责任
B. 丁公司向丙银行出具票据复印件提示付款，丙银行应当无条件付款
C. 丁公司可凭票据复印件向乙公司主张票据权利
D. 丁公司可凭票据复印件向甲公司主张票据权利

8. 甲将一票据背书转让给乙，但未记载乙的名称即将票据交给乙，后乙在背书人栏内记载了自己的名称，那么（　　）。

A. 该背书无效
B. 该票据无效
C. 该记载与背书人记载具有同等法律效力
D. 该记载无效，应由背书人补记

9. 没有代理权而以代理人名义在票据上签章的，应当由（　　）承担票据责任。

A. 被代理人
B. 代理人与被代理人连带
C. 代理人与签章人连带
D. 签章人

10. 甲未经乙同意而以乙的名义签发一张商业汇票，汇票上记载的付款人为丙银行。丁取得该汇票后将其背书转让给戊。下列哪一说法是正确的？(　　)

A. 乙可以无权代理为由拒绝承担该汇票上的责任

B. 丙银行可以该汇票是无权代理为由而拒绝付款

C. 丁对甲的无权代理行为不知情时，丁对戊不承担责任

D. 甲未在该汇票上签章，故甲不承担责任

11. 下列有关票据取得的说法中正确的有（　　）。

A. 持票人因过失而取得的不符合票据法规定的票据的，不得享有票据权利

B. 持票人明知出票人或其前手与自己的直接前手之间存在票据法上的抗辩事由而取得票据的，不享有票据权利

C. 票据的取得应当给付当事人双方认可的对价，无对价取得的票据不享有票据权利

D. 持票人恶意（以欺诈、胁迫或偷盗等手段取得的票据或明知有上述情形）取得的票据，不享有票据权利

12. 因税收、继承或赠与无偿取得票据的，所享有的票据权利不得优于（　　）的票据权利。

A. 前手　　　　B. 后手

C. 其他当事人　　　　D. 第一持票人

13. 票据金额以中文大写与数码同时记载，二者应一致。二者不一致时，（　　）。

A. 以中文大写为准

B. 以数码为准

C. 票据归于无效

D. 以中文大写和数码中较小的一个为准

14. 下列行为中哪一种行为不构成票据欺诈？(　　)

A. 故意使用伪造、变造的票据的

B. 伪造、变造票据的

C. 签发空头支票的

D. 签发无可靠资金来源的汇票、本票，骗取资金的

15. 下列哪一个持票人依法不享有票据权利？(　　)

A. 通过背书取得支票的持票人

B. 出票日期未记载的支票持票人

C. 另行记载有付款日期的支票持票人

D. 超过 10 日的付款提示期限的支票持票人

16. 若出票人在票据上记载“不得转让”字样，下列表述中哪种说法是正确的？(　　)

A. 在特定条件下，收款人可以将此票据背书转让

B. 若收款人将此票据背书转让，出票人对现持票人不承担票据责任

C. 此票据只能背书记载“委托收款”字样，不得背书记载“质押”字样

D. 此票据不得背书转让

17. 对于追索权，其中哪一项是错误的？(　　)

A. 追索权是第二次的请求权，对任何有票据签章的人均可行使

B. 当持票人为出票人的时候，对其前手无追索权

C. 当持票人为背书人的时候，对其后手无追索权

D. 追索权可以不按照票据债务人的先后顺序，对前手中的任何一人、数人或者全体行使

18. 甲公司向乙公司签发了一张付款人为丙银行的承兑汇票。丁向乙公司出具了一份担保函，

承诺甲公司不履行债务时其承担连带保证责任。乙公司持票向丙银行请求付款，银行以出票人甲公司严重丧失商业信誉为由拒绝付款。对此，下列哪一表述是正确的？（ ）

A. 乙公司只能要求丁承担保证责任

B. 丙银行拒绝付款不符法律规定

C. 乙公司应先向甲公司行使追索权，不能得到清偿时方能向丁追偿

D. 丁属于票据法律关系的非基本当事人

19. 票据权利的转移以（ ）为前提。

A. 交付票据

B. 更换登记所有人

C. 更换户主登记并交付票据

D. 签订协议

20. 下列有关票据责任的说法中正确的有（ ）。

A. 票据付款人故意压票拖延支付，给当事人造成损失的，主要责任人员除应依法受到金融行政管理部门的处分外，还应承担因此给持票人造成的损失

B. 金融机构的工作人员在票据业务中玩忽职守，给持票人造成重大损失的，应当承担赔偿责任

C. 付款人与持票人恶意串通，故意使用伪造的票据的，应当依法承担刑事责任

D. 金融机构工作人员在票据业务中玩忽职守，给当事人造成损失的，应当依法追究刑事责任

21. 下列关于票据的正确表述是（ ）。

A. 票据的签发、取得和转让，应当遵循诚实信用原则，具有真实的交易关系和债权债务关系

B. 票据的签发、取得和转让，应当遵循诚实信用原则，具有合法的交易关系和债权债务关系

C. 票据的签发、取得和转让，应当遵循诚实信用原则，具有有效的交易关系和债权债务关系

D. 票据的签发、取得和转让，应当遵循诚实信用原则、等价原则

22. 下列情况出现时，哪一个不构成持票人行使追索权的条件？（ ）

A. 付款人以其与持票人的债务纠纷正在诉讼期间为由，而不予付款时，持票人可对其前手行使追索权

B. 在汇票到期日之前，承兑人或者付款人因违法行为而被责令暂停业务活动的

C. 在汇票到期日前，承兑人或付款人被依法宣告破产的

D. 在汇票到期日前，承兑人因为犯罪行为而畏罪潜逃的

23. 下列有关票据上的签章的表述，正确的是（ ）。

A. 在票据上的签名，可以为该当事人的笔名

B. 票据上的签章必须为签名加盖章

C. 无民事行为能力人或限制民事行为能力人在票据上签章的，其签章无效，但是不影响其他签章的效力

D. 法人或其他使用票据的单位在票据上的签章，为该法人或该单位的盖章

24. 票据权利在下列哪一期限内因不行使而消灭（ ）。

A. 持票人对前手的再追索权，自清偿之日或被提起诉讼之日起 3 个月

B. 持票人对支票出票人的权利，自出票日起 1 年

C. 持票人对前手的追索权，自被拒绝承兑或者被拒绝付款之日起 3 个月

D. 持票人对票据的出票人和承兑人的权利，自票据到期日起 6 个月

25. 李某于 2023 年 3 月盗得一张 10 万元的见票即付的汇票，以 1 万元价格卖给朋友张某，张某 10 月后到银行，提示付款，下列说法错误的是（ ）。

A. 失票人可以及时通知票据的付款人挂失止付

B. 失票人可向人民法院申请公示催告

C. 张某享有票据权利，因其已付1万元对价

D. 张某不享有票据权利，因其是恶意取得盗窃的票据

26. 持票人对票据债务人行使票据权利，或者保全票据权利，应当在票据当事人的营业场所和营业时间内进行，票据当事人无营业场所的应当怎样决定？(　　)

A. 由票据当事人协商确定履行地点

B. 由持票人决定履行地点

C. 由票据债务人决定履行地点

D. 在票据当事人的住所履行

27. 下列关于伪造、变造票据上的签章的效力的表述，正确的是（　　）。

A. 票据上有伪造、变造的签章的，该票据无效

B. 在变造之后签章的对变造票据不负责任

C. 票据上有伪造、变造的签章的，不影响票据上其他真实签章的效力

D. 票据上其他记载事项被变造的，在变造之前的签章同时失效

28. 甲公司购买乙公司电脑20台，向乙公司签发金额为10万元的商业承兑汇票一张，丁公司在汇票上签章承诺："本汇票已经本单位承兑，到期日无条件付款。"当该汇票的持票人行使付款请求权时，下列哪一说法是正确的？(　　)

A. 如该汇票已背书转让给丙公司，而丙公司恰好欠汇票付款人某银行10万元到期贷款，则银行可以提出抗辩而拒绝付款

B. 如该汇票已背书转让给丙公司，则甲公司可以乙公司交付的电脑质量存在瑕疵为抗辩理由拒绝向丙公司付款

C. 因该汇票已经丁公司无条件承兑，故丁公司不可能再以任何理由对持票人提出抗辩

D. 甲公司在签发汇票时可以签注"以收到货物为付款条件"

29. 张某伪造了甲公司的签章签发了一张支票并交付乙公司，乙公司背书转让给丙公司。应当对丙公司负票据责任的是（　　）。

A. 张某　　B. 甲公司

C. 乙公司　　D. 张某、甲公司、乙公司

30. 甲公司为生产经营需要向乙公司购买棉花10吨，价值10万元。甲公司为乙公司开出了一张10万元的银行承兑汇票，付款人是G银行。乙公司为偿还欠丙公司的债务，将该汇票背书转让给了丙公司。丙公司持汇票要求G银行承兑，汇票得到了承兑。下列关系中哪些属于票据关系？(　　)

A. 甲公司和乙公司之间的棉花买卖合同关系

B. 甲公司与G银行的关系

C. 丙公司与G银行的关系

D. 乙公司与丙公司之间的债权债务关系

31. 朱某持一张载明金额为人民币50万元的承兑汇票，向票据所载明的付款人某银行提示付款。但该银行以持票人朱某拖欠银行贷款60万元尚未清偿为由拒绝付款，并以该汇票票面金额冲抵了部分届期贷款金额。对付款人（即某银行）行为的定性，下列哪一选项是正确的？(　　)

A. 违反票据无因性原则的行为

B. 违反票据独立性原则的行为

C. 行使票据抗辩之对人抗辩的行为

D. 行使票据抗辩之对物抗辩的行为

32. 关于票据丧失时的法律救济方式，下列哪一说法是错误的？（　　）

A. 通知票据付款人挂失止付

B. 申请法院公示催告

C. 向法院提起诉讼

D. 不经挂失止付不能申请公示催告或者提起诉讼

33. 甲从乙处购置一批家具，给乙签发一张金额为 40 万元的汇票。乙将该汇票背书转让给丙。丙请丁在该汇票上为“保证”记载并签章，随后又将其背书转让给戊。戊请求银行承兑时，被银行拒绝。对此，下列哪一选项是正确的？（　　）

A. 丁可以采取附条件保证方式

B. 若丁在其保证中未记载保证日期，则以出票日期为保证日期

C. 戊只有在向丙行使追索权遭拒绝后，才能向丁请求付款

D. 在丁对戊付款后，丁只能向丙行使追索权

34. 甲公司为支付向乙公司采购商品的款项，向乙公司开具一张金额为 100 万元的银行承兑汇票，并向丙银行办理了承兑。2024 年 6 月乙又将该票据背书给丁公司，2024 年 7 月丁公司办公楼失火，该张票据被烧毁灭失，仅剩其留档复印件。甲公司、乙公司均在该复印件上签章，以证明彼此间的交易情况。关于本案，下列哪一说法是正确的？（　　）

A. 丙银行有权拒付

B. 丁公司向丙银行出具票据复印件提示付款，丙银行应当无条件付款

C. 丁公司可凭票据复印件向乙公司主张票据权利

D. 丁公司可凭票据复印件向甲公司主张票据权利

多项选择题

1. 潇湘公司为支付货款向楚天公司开具一张金额为 20 万元的银行承兑汇票，付款银行为甲银行。潇湘公司收到楚天公司货物后发现有质量问题，立即通知甲银行停止付款。另外，楚天公司尚欠甲银行贷款 30 万元未清偿。下列哪些说法是错误的？（　　）

A. 该汇票须经甲银行承兑后才发生付款效力

B. 根据票据的无因性原理，甲银行不得以楚天公司尚欠其贷款未还为由拒绝付款

C. 如甲银行在接到潇湘公司通知后仍向楚天公司付款，由此造成的损失甲银行应承担责任

D. 潇湘公司有权以货物质量瑕疵为由请求甲银行停止付款

2. 甲公司在与乙公司交易中获得由乙公司签发的面额 50 万元的汇票一张，付款人为丙银行。甲公司向丁购买了一批货物，将汇票背书转让给丁以支付货款，并记载“不得转让”字样。后丁又将此汇票背书给戊。如戊在向丙银行提示承兑时遭拒绝，戊可向谁行使追索权？（　　）

A. 丁　　B. 乙公司

C. 甲公司　　D. 丙银行

3. 下列票据无效的有（　　）。

A. 在众多票据签章中，有无民事行为能力人在票据上签章的

B. 票据原记载人更改票据日期的

C. 票据原记载人更改票据金额，并在更改时以签章证明的

D. 更改票据的收款人名称的

4. 票据债务人依下列理由对持票人提出抗辩，人民法院应予支持（　　）。
A. 因重大过失取得票据的
B. 与票据债务人有直接的债权债务关系且不履行约定义务的
C. 以背书方式取得但背书不连续的
D. 因接受赠与取得而没有给付对价的
5. 根据《票据法》的规定，应当追究刑事责任的票据欺诈行为包括（　　）。
A. 伪造票据
B. 变造票据
C. 故意使用伪造、变造票据
D. 签发无可靠资金来源的汇票、本票，骗取资金
6. 下列哪些事项不得更改，更改的后果是票据无效？（　　）
A. 票据金额　　B. 付款人名称
C. 收款人名称　　D. 日期
7. 根据《票据法》的规定，以下关于票据行为附条件的表述哪些是错误的？（　　）
A. 票据出票不得附有条件，附条件的票据无效
B. 票据背书转让不得附有条件，附条件的背书无效
C. 汇票承兑不得附有条件，附条件的承兑视为拒绝承兑
D. 票据保证不得附有条件，附条件的保证无效
8. 下列关于票据权利取得的说法中正确的有（　　）。
A. 继承人因继承的发生可以从被继承人那里取得票据权利
B. 保证人因为履行了代为清偿的责任而取得票据权利
C. 质权人因质权的产生而取得票据权利
D. 受赠人可因赠与人的赠与行为而取得票据权利
9. 下列关于票据权利的表述，正确的有（　　）。
A. 凡是无对价的票据，不得享有优先于前手的权利
B. 票据权利是指持票人向票据债务人请求支付票据金额的权利，包括付款请求权和追索权
C. 持票人对出票人和承兑人的票据权利，自票据到期日起2年内不行使而消灭
D. 持票人对出票人的票据权利，自出票之日起，6个月内不行使而消灭
10. 可用作票据签章的有（　　）。
A. 法定代表人章　　B. 授权代理人章
C. 法人章　　D. 法人工作人员章
11. 不受对价要求限制的票据有（　　）。
A. 小额交易票据
B. 因税收取得的票据
C. 因继承取得的票据
D. 因受赠取得的票据
12. 甲向乙签发了一张见票后定期付款的汇票，票面上记载付款人丙应于见票后2个月内付款。乙将汇票背书转让给丁，丁于1月15日向丙提示承兑。2月16日，丁不慎将汇票丢失。下列说法中正确的有（　　）。
A. 丁应当及时通知丙挂失止付
B. 丁应当在通知丙挂失止付后3日内，依法向人民法院申请公示催告，或向人民法院提起诉讼

C. 丁也可以不通知丙挂失止付，而是在票据丢失后直接向人民法院申请公示催告程序

D. 公示催告期间，如果戊从拾得人那里善意受让了该票据，则戊可以取得票据权利

13. 下列有关票据权利的表述，正确的有（　　）。

A. 持票人行使票据权利，应当按照法定程序在票据上签章并出具票据

B. 票据权利是专指持票人向票据债务人请求支付票据金额的权利，包括付款请求权和追索权

C. 票据权利在持票人自票据到期日起，2 年内不行使而消灭

D. 票据权利只能原始取得

14. 根据《票据法》的规定，下列选项属于票据权利消灭的情形有（　　）。

A. 持票人对前手的再追索权，自清偿日或者被提起诉讼之日起 3 个月未行使

B. 持票人对前手的追索权，在被拒绝承兑或者被拒绝付款之日起 6 个月未行使

C. 持票人对支票出票人的权利，自出票日起 6 个月未行使

D. 持票人对本票出票人的权利，自票据到期日起 2 年未行使

15. 下列关于票据伪造、变造的说法中，正确的是（　　）。

A. 票据上有伪造、变造的签章，票据作废

B. 在票据上伪造、变造签章的人和伪造人、变造人承担连带责任

C. 票据上其他事项被变造的，在变造之前签章的人，对原记载事项负责，在变造之后签章的人，对变造之后的事项负责

D. 票据上其他事项被变造的，不能辨别是在票据被变造之前或者之后签章的，视同在票据被变造之前签章

16. 根据《票据法》的规定，有下列哪项所列行为的构成票据欺诈，应依法追究刑事责任？（　　）

A. 签发空头支票，或者签发与其预留的本名签名式样或者印鉴不符的支票的

B. 冒用他人的票据，或者故意使用过期或者作废的票据，骗取财物的

C. 付款人与持票人恶意串通，在汇票上作虚假记载，骗取财物的

D. 故意使用伪造、变造的票据的

17. 下列情况中当事人取得票据权利的是（　　）。

A. 通过税收取得票据

B. 通过有效的合同取得票据

C. 通过偷窃取得票据

D. 贩卖毒品取得票据

18. 基于合同关系甲向乙签出一张汇票，乙将其赠与丙，后甲、乙解除合同，则丙（　　）。

A. 合同解除前享有票据权利

B. 合同解除前不享有票据权利

C. 合同解除后仍享有票据权利

D. 合同解除后不享有票据权利

19. 2024 年 10 月 5 日，甲、乙签订房屋买卖合同，约定年底前办理房屋过户登记。乙签发一张面额 80 万元的转账支票给甲以支付房款。一星期后，甲提示银行付款。2025 年 1 月中旬，甲到银行要求支付支票金额，但此时甲尚未将房屋登记过户给乙。对此，下列哪些说法是正确的？（　　）

A. 尽管甲尚未履行房屋过户登记义务，但银行无权拒绝支付票据金额

B. 如甲向乙主张票据权利，因甲尚未办理房屋的过户登记，乙可拒付票据金额

C. 如被银行拒付，甲可根据房屋买卖合同要求乙支付房款

D. 如该支票遗失，甲即丧失票据权利

20. 下列选项中，属于因时效而致使票据权利消灭的情形有（　　）。

A. 甲持有一张本票，出票日期是2023年5月20日，于2024年5月27日行使票据的付款请求权

B. 乙持一张为期30天的汇票，出票日期为2022年5月20日，于2024年5月27日行使票据的付款请求权

C. 丙持一张见票即付的汇票，出票日期是2022年5月20日，于2024年5月27日行使票据的付款请求权

D. 丙持一张见票即付的支票，出票日期是2023年5月20日，于2024年5月27日行使票据的付款请求权

名词解释

1. 票据

2. 票据权利

3. 公示催告

4. 票据时效

5. 票据能力

6. 票据行为

7. 票据权利的原始取得

8. 票据权利的继受取得

9. 票据抗辩

10. 票据行为的无因性

11. 票据关系与票据原因关系

12. 票据利益返还请求权

13. 空白票据

简答题

1. 简述票据关系与原因关系。

2. 简述票据行为的独立性。

3. 简述票据的种类。

4. 按照票据法的基本原理解释持票人的票据权利。

5. 简述票据行为的解释原则。

6. 简述票据的善意取得。

7. 简述票据行为的要式性。

8. 简述票据抗辩限制的基本规则。

9. 《票据法》第18条规定："持票人因超过票据权利时效或者因票据记载事项欠缺而丧失票据权利的，仍享有民事权利，可以请求出票人或者承兑人返还其与未支付的票据金额相当的利益。"

（1）此条中的"民事权利"是指什么权利？

（2）利益返还请求权的性质和本质目标是什么？

10. 简述票据丧失后的补救措施。

论述题

1. 试述追索权两方当事人。

2. 试论商法上的外观主义及其在票据法中的具体体现。

案例分析题

1. 某科研所因转让专利技术得到一张380万元的银行承兑汇票，离到期日还有3个月的时间，该科研所遂派人持该汇票到某银行办理质押贷款，但在途中遭抢劫。有人给他们出主意说，最好去申请公示催告。

请问：

（1）应当去何处申请公示催告？（公安机关/法院/检察院/仲裁机关/其他机关）

（2）失票人依照法律的规定向有权受理公示催告的机关提出了合乎法律要求的申请，该机关决定受理。受理后，该机关应当进行哪些事项？

（3）法定机关依法做了一定的工作后，如果有人持票来申报权利。依法申报后将会发生怎样的结果？

（4）如果在一定的期限内无人来申报权利或者申报被驳回，将会发生怎样的结果？

2. A公司委托B公司购买进口原木，并开具了1张以B公司为收款人的商业承兑汇票，票面记载有“不得转让”字样。B公司因资金紧张，为了融入一笔流动资金，以背书方式将该汇票交给甲银行作为质押。甲银行在贷出资金到期后催促B公司还款，B公司未能按时偿还。甲银行转而要求A公司兑现其开具的汇票，A公司以B公司所购进原木不符合合同要求为由拒绝兑现。为维护自己的合法利益，甲银行向法院提起诉讼。

请问：

（1）A公司开具的汇票上记载的“不得转让”字样属于票据法上记载事项的哪一种？该记载事项效力如何？

（2）若法院判定甲银行为票据权利人，则A公司能否以B公司未按合同履行义务为由来对抗甲银行支付汇票金额的请求？为什么？

3. 禁治产人甲签发一张5元的票据给乙，乙背书转让给丙。

请问：

（1）甲、乙所为的票据行为效力如何，为什么？

（2）票据权利转让与普通债权转让的区别。

（3）票据权利和普通债权转让是否应受原因行为的制约，为什么？

第二十七章　汇票

基础知识图解

- 汇票
  - 汇票法律关系和汇票当事人
  - 汇票种类
    - 银行汇票和商业汇票
    - 即期汇票和远期汇票
    - 一般汇票和变式汇票
  - 汇票的相关概念
    - 汇票出票：概念、记载事项、效力
    - 汇票的背书：概念及意义、种类、转让背书和非转让背书
    - 汇票的承兑：概念和意义、程序、效力
    - 汇票的保证：概念、意义、分类、当事人、记载事项、效力
    - 汇票的付款：概念、程序、效力
    - 汇票追索权：概念、种类、要件、效力

配套测试

单项选择题

1. 亿凡公司与五悦公司签订了一份买卖合同，由亿凡公司向五悦公司供货；五悦公司经连续背书，交付亿凡公司一张已由银行承兑的汇票。亿凡公司持该汇票请求银行付款时，得知该汇票已被五悦公司申请公示催告，但法院尚未作出除权判决。关于本案，下列哪一选项是正确的？（　　）

A. 银行对该汇票不再承担付款责任

B. 五悦公司因公示催告可行使票据权利

C. 亿凡公司仍享有该汇票的票据权利

D. 法院应作出判决宣告票据无效

2. 李某将一汇票质押给甲公司，后甲公司以该票据再行背书质押给乙公司，由此李某与甲公司发生纠纷而向人民法院提起诉讼，人民法院应认定（　　）。

A. 票据无效

B. 背书行为无效

C. 背书行为有效

D. 乙公司合法取得票据

3. 甲是出票人，乙、丙、丁为依次背书人，戊从丁处取得票据，为持票人。甲出票时在票面记载“不得转让”字样；丙是限制民事行为能力的人。在戊提示付款遭到拒绝后，其可采用的救

济方法有（　　）。

A. 付款人的拒绝付款没有理由，戊可以向人民法院起诉，判令付款人履行票据义务

B. 丙的背书无效，但戊可以向甲、乙、丁行使票据权利，请求支付票面金额

C. 因为甲、丙不对票据承担保证责任，戊只能向乙、丁行使追索权

D. 上面说法都不对，因为甲在出票时已在票面记载不得转让，所以乙之后的背书行为都无效，戊不是票据权利人

4. 甲公司在交易中取得汇票一张，金额 10 万元，汇票签发人为乙公司，甲公司在承兑时被拒绝。其后，甲公司在一次交易中需支付丙公司 10 万元货款，于是甲公司将该汇票背书转让给丙公司，丙公司承兑时亦被拒绝。下列哪一选项是正确的？（　　）

A. 丙公司有权要求甲公司给付汇票上的金额

B. 丙公司有权要求甲公司返还交易中的对价

C. 丙公司有权向乙公司行使追索权要求其给付汇票上的金额

D. 丙公司应当请求甲公司承担侵权赔偿责任

5. 根据《票据法》的规定，下列有关汇票记载事项的哪一表述是正确的？（　　）

A. 汇票上未记载付款日期的，为出票后 1 个月内付款

B. 汇票上未记载付款地的，出票人的营业场所、住所或经常居住地为付款地

C. 汇票上未记载收款人名称的可予补记

D. 汇票上未记载出票日期的，汇票无效

6. 下列有关票据保证的说法中正确的有（　　）。

A. 保证人在票据或者粘单上没有记载保证日期的，保证行为无效

B. 保证原则上不得附有条件，但对票据的保证责任不产生重大影响的条件除外

C. 票据的保证人应当是票据债务人以外的人，票据债务人不能充当票据的保证人

D. 票据或其粘单上保证人没有记载被保证人名称的，保证行为无效

7. 根据《票据法》的规定，保证人为 2 人以上的应如何办理？（　　）

A. 保证人之间按份承担保证责任

B. 保证人之间承担连带责任

C. 保证人依约定不承担责任

D. 保证人依约定承担责任

8. 下列有关汇票付款人的付款行为的说法中错误的有（　　）。

A. 付款人依法足额付款后，全体汇票债务人的责任解除

B. 付款人及其代理人付款时，应当审查汇票背书的连续，并审查提示付款人的合法身份证明或有效证件。因恶意或重大过失付款的，应当自行承担责任

C. 持票人在提示付款期限内向付款人提示付款的，付款人应当当日足额付款

D. 汇票金额为外币的，按照付款日的市场汇价，以人民币支付。汇票当事人不得约定以人民币以外的其他货币偿付汇票金额

9. 下列情况出现时，哪一个不构成持票人行使追索权的条件？（　　）

A. 付款人以其与持票人的债务纠纷正在诉讼期间为由，而在汇票到期时不付款的，持票人可对其前手行使追索权

B. 在汇票到期日之前，承兑人或者付款人因违法行为而被责令终止业务活动的

C. 在汇票到期日前，承兑人或付款人被依法宣告破产的

D. 在汇票到期日之前，承兑人因为犯罪行为而畏罪潜逃的

10. 持票人行使追索权，不得请求被追索人支付的金额和费用包括（ ）。

A. 被拒绝付款的汇票金额

B. 取得有关拒绝证明的费用

C. 发出通知书的费用

D. 汇票金额自出票日起至到期日止，按照中国人民银行规定的利率计算的利息

11. 持票人应当自收到被拒绝承兑或者被拒绝付款的证明 3 日之内，将被拒绝事由书面通知其前手，未按期通知的，应承担哪种后果？（ ）

A. 不能再行使追索权

B. 只能向出票人追索

C. 仍可以行使追索权，只要说明延期的理由

D. 仍可以行使追索权，因延期通知给其前手或出票人造成损失的，以汇票金额为限予以赔偿

12. A 公司汇票遗失，为 B 所拾，B 背书后转让给 C 公司，从 C 公司运走货物一批。C 公司（ ）。

A. 无权要求 A 公司付款

B. 有权要求 A 公司付款

C. 仅有权要求 B 付款

D. 既无权要求 A 公司付款，也无权要求 B 付款

13. 定日付款或出票后定期付款、见票后定期付款的汇票自到期日起（ ）内向承兑人提示付款。

A. 10 日　　B. 20 日

C. 30 日　　D. 40 日

14. 付款人承兑汇票，不得附有条件，附有条件的，（ ）。

A. 视为拒绝承兑

B. 所附条件无效，承兑有效

C. 所附条件不发生汇票上的效力

D. 依所附条件发生承兑的效力

15. 下列说法正确的是（ ）。

A. 汇票背书时附有条件的，票据无效

B. 转让一部分汇票金额的背书无效

C. 保证人在汇票上附有条件的，保证无效

D. 汇票保证人可以约定对汇票票据责任承担一般保证责任

16. 见票后定期付款的汇票，持票人应当自出票之日起（ ）内向付款人提示承兑。

A. 1 个月　　B. 2 个月

C. 3 个月　　D. 4 个月

17. 根据《票据法》的规定，汇票持票人未按照规定期限提示承兑的，（ ）。

A. 持票人丧失对其前手的追索权

B. 持票人丧失票据权利

C. 持票人丧失对出票人的追索权

D. 持票人不得向付款人提示承兑

18. 下列汇票的付款日期中哪一个不符合《票据法》的规定？（ ）

A. 见票即付　　B. 定日付款

C. 不定日期付款　　D. 见票后定期付款

19. 下列事项中哪一项不是汇票的绝对事项？（　　）

A. 出票日期　　B. 付款日期
C. 付款人名称　　D. 收款人名称

20. 汇票金额的记载方式是（　　）。

A. 选择的记载　　B. 浮动的记载
C. 未定的记载　　D. 确定的记载

21. 如果保证人未在汇票或账单上记载保证日期的，其保证日期为（　　）。

A. 出票日期　　B. 承兑日期
C. 背书日期　　D. 汇票到期日

22. 汇票金额为外币的，按照（　　）的市场汇价，以人民币支付。

A. 出票日　　B. 承兑日
C. 付款日　　D. 到期日

23. 下列关于贴现的说法中错误的是（　　）。

A. 贴现是一种将票据权利转让给银行的行为
B. 贴现汇票到期得不到付款，银行享有对汇票所有债务人的追索权
C. 出票人在票据上记载“不得转让”，其后手以此票据进行贴现，接受贴现票据的银行可享有票据权利
D. 背书人在票据上记载“不得转让”，其后手以此票据进行贴现，接受贴现票据的银行可享有票据权利

24. 出票日期为 2024 年 5 月 31 日的见票后定期付款的汇票的承兑提示期间的最后一日是（　　）。

A. 2024 年 7 月 1 日　　B. 2024 年 6 月 30 日
C. 2024 年 7 月 31 日　　D. 2024 年 8 月 1 日

25. 根据《票据法》的规定，在行使追索权程序中，拒绝事由的通知应采取（　　）形式。

A. 口头　　B. 书面
C. 电报　　D. 传真

26. 定日付款、出票后定期付款或者见票后定期付款的汇票，付款人在到期日前付款的，（　　）。

A. 付款行为无效
B. 付款人出于善意向无权持票人付款，不必承担再次向真实票据权利人付款的责任
C. 付款人由于重大过失向无权持票人付款，不必承担再次向真实票据权利人付款的责任
D. 付款人出于恶意向无权持票人付款，要承担再次向真实票据权利人付款的责任

27. 汇票上未记载付款地的，（　　）。

A. 以持票人的营业场所或住所为付款地
B. 以付款人的营业场所或住所为付款地
C. 以出票人的营业场所或住所为付款地
D. 以收款人的营业场所或住所为付款地

28. 下列情形中将导致汇票无效的是（　　）。

A. 未记载出票地
B. 未记载付款日期
C. 未记载付款地
D. 票据金额中文与数字记载不一致

29. 汇票被变造后，下列人员谁应按照票据上原来的记载事项承担票据责任？（　）
A. 在变造之后签章的人
B. 在变造之前签章的人
C. 不知道票据被变造的背书人
D. 对票据被变造无过错的背书人

30. 根据《票据法》的规定，下列有关汇票的表述中，正确的是（　　）。
A. 汇票未记载收款人名称的，可由出票人授权补记
B. 汇票未记载付款日期的，为出票后10日付款
C. 汇票未记载出票日期的，汇票无效
D. 汇票未记载付款地的，以出票人的营业场所、住所或经常居住地为付款地

31. 甲、乙签订买卖合同后，甲向乙背书转让3万元的汇票作为价款。后乙又将该汇票背书转让给丙。如果在乙履行合同前，甲、乙协议解除合同。甲的下列行为中，符合票据法规定的是（　　）。
A. 请求乙返还汇票
B. 请求乙返还3万元价款
C. 请求丙返还汇票
D. 请求付款人停止支付汇票上的款项

32. 根据《票据法》的规定，持票人对定期汇票的出票人和承兑人的票据权利时效，为自汇票到期日起（　　）。
A. 2年　　B. 6个月
C. 3个月　　D. 1年

33. 一般背书的相对必要记载事项是（　　）。
A. 背书人
B. 被背书人
C. “不得转让”字样
D. 背书日期

34. 甲公司开具一张金额50万元的汇票，收款人为乙公司，付款人为丙银行。乙公司收到后将该汇票背书转让给丁公司。下列哪一说法是正确的？（　　）
A. 乙公司将票据背书转让给丁公司后即退出票据关系
B. 丁公司的票据债务人包括乙公司和丙银行，但不包括甲公司
C. 乙公司背书转让时不得附加任何条件
D. 如甲公司在出票时于汇票上记载有“不得转让”字样，则乙公司的背书转让行为依然有效，但持票人不得向甲公司行使追索权

多项选择题

1. 汇票持票人未在规定期限内提供有关合法证明的，（　　）。
A. 丧失对前手的追索权
B. 承兑人仍应承担责任
C. 付款人仍应承担责任
D. 出票人仍应承担责任

2. 持票人行使追索权，可以请求支付（　　）。
A. 被拒绝付款的汇票金额

B. 汇票金额自到期日起至清偿日止按中国人民银行规定利率计算的利息

C. 发出通知书的费用

D. 取得有关拒绝证明的费用

3. 下列关于票据保证的表述中，哪些是正确的？（　　）

A. 保证是汇票与本票共有的一种行为，支票没有保证

B. 票据保证必须采用明示的方式，隐存的保证不发生票据保证的效力

C. 被保证的票据，保证人应当与被保证人对持票人承担连带责任

D. 保证人为二人以上的，保证人之间承担连带责任

4. 甲签发一张以乙为收款人、丙为付款人的远期商业汇票，乙请求丙对汇票承兑后加注“不得转让”字样，将票据转让与丁，丁再转让与戊，戊请求付款遭到拒绝，请问：戊对下列哪些人不得进行追索？（　　）

A. 甲　　B. 乙　　C. 丙　　D. 丁

5. 票据追索权行使的对象包括（　　）。

A. 背书人　　B. 出票人

C. 承兑人　　D. 汇票和本票的保证人

6. 当汇票到期被拒绝付款时，持票人可以对下列哪些人行使追索权？（　　）

A. 前手背书人　　B. 付款人

C. 保证人　　D. 出票人

7. 下列有关汇票提示付款的表述，正确的是（　　）。

A. 见票即付的汇票，自出票日起 1 个月内向付款人提示付款

B. 定日付款的汇票，自到期日起 10 日内向承兑人提示付款

C. 出票后定期付款、见票后定期付款的汇票，自到期日起 1 个月内向承兑人提示付款

D. 持票人未按规定期限提示付款的，承兑人或付款人应不予付款

8. 汇票的保证人未在汇票或粘单上记载被保证人名称时，被保证人为（　　）。

A. 承兑人和出票人同时作为被保证人

B. 出票人

C. 已承兑的汇票，承兑人为被保证人

D. 未承兑的汇票，出票人为被保证人

9. 关于汇票的表述，下列哪些选项是正确的？（　　）

A. 汇票可以质押，当持票人将汇票交付债权人时质押生效

B. 如汇票上记载的付款人在承兑之前即已破产，出票人仍须承担付款责任

C. 汇票的出票人既可以是银行、公司，也可以是自然人

D. 如汇票上未记载出票日期，该汇票无效

10. 根据《票据法》的规定，下列关于汇票保证的表述，正确的有（　　）。

A. 保证人应当由汇票债务人以外的他人担当

B. 保证人未在汇票上记载保证日期的，出票日期为保证日期

C. 保证不得附有条件；附有条件的，保证无效

D. 汇票到期后得不到足额付款的，保证人应当足额付款

11. 甲向乙购买原材料，为支付货款，甲向乙出具金额为 50 万元的商业汇票一张，丙银行对该汇票进行了承兑。后乙不慎将该汇票丢失，被丁拾到。乙立即向付款人丙银行办理了挂失止付手续。下列哪些选项是正确的？（　　）

A. 乙因丢失票据而确定性地丧失了票据权利

B. 乙在遗失汇票后，可直接提起诉讼要求丙银行付款

C. 如果丙银行向丁支付了票据上的款项，则丙银行应向乙承担赔偿责任

D. 乙在通知挂失止付后 15 日内，应向法院申请公示催告

12. 下列关于汇票提示承兑的表述，正确的是（　　）。

A. 定日付款的汇票，持票人应在到期日 10 日之前向付款人提示承兑

B. 出票后定期付款的汇票，持票人应当在汇票到期日前向付款人提示承兑

C. 见票后定期付款的汇票，持票人应自出票日起 3 个月内向付款人提示承兑

D. 见票即付的汇票无须提示承兑

13. 背书是指在票据背面或粘单上记载有关事项并签章的票据行为，以下的背书行为中不合法的是（　　）。

A. 张某将一张出票人标有“不得转让”字样的汇票，背书给李某

B. 王某将一张 10 万元的汇票各转让给另两个人，每人 5 万元

C. 张某持有一张应于 5 月 10 日前提示付款的汇票，因其有事耽搁未提示付款，于 5 月 12 日背书给李某

D. 张某以背书方式将一张汇票质押给某企业，载明“质押”字样

14. 甲向乙开具金额为 100 万元的汇票以支付货款。乙取得该汇票后背书转让给丙，丙又背书转让给丁，丁再背书转让给戊。现查明，甲、乙之间并无真实交易关系，丙为未成年人，票据金额被丁变造。下列哪些选项是正确的？（　　）

A. 尽管甲、乙之间没有真实交易，但该汇票仍然有效

B. 尽管丙为未成年人，但其在票据上的签章仍然有效

C. 尽管票据金额已被丁变造，但该汇票仍然有效

D. 戊不能向甲、乙行使票据上的追索权

15. 下列关于票据背书的说法中正确的有（　　）。

A. 非经背书转让而取得的票据无效

B. 汇票以背书转让或者以背书将一定的汇票权利授予他人行使时，必须记载被背书人的名称

C. 出票人在汇票上记载“不得转让”字样的，汇票转让无效

D. 票据凭证不能满足背书人记载事项的需要，可以加附粘单，粘附于票据凭证上。粘单上的第一记载人应当在汇票和粘单的粘接处签章

16. 汇票的付款日期可以按下列形式记载（　　）。

A. 见票即付　　B. 定日付款

C. 出票后定期付款　　D. 见票后定期付款

17. 根据《票据法》的规定，票据背书转让有效应具备（　　）。

A. 背书连续

B. 背书不得附有条件

C. 就票据金额全部所作的背书

D. 背书在票据背面或者粘单上完成，并且为记名背书

18. 甲是限制民事行为能力人，因和乙之间的债务关系，签发给乙一张支票，乙收到支票后背书转让给丙，丙又背书转让给丁，丁向银行请求付款时，银行以出票人印鉴不清拒付。丁可向下列哪些人行使追索权？（　　）

A. 丙　　B. 银行　　C. 甲　　D. 乙

19. 下列哪些行为人应当对持票人承担到期付款的责任？（　　）

A. 支票出票人　　B. 本票出票人

C. 汇票出票人　　D. 汇票承兑人

20. 下列关于汇票追索权行使的说法中正确的有（　　）。

A. 持票人应在收到被拒绝承兑或被拒绝付款的有关证明之日起 3 日内，将被拒绝事由通知其前手。过期没有通知的，则票据权利丧失

B. 持票人应在收到被拒绝承兑或被拒绝付款的有关证明之日起 3 日内，将被拒绝事由书面通知其前手；以口头或其他非书面形式通知的，其通知行为无效

C. 持票人在被拒绝承兑或被拒绝付款后将被拒绝事由用邮寄方式通知的，在规定期限内如果其前手没有收到通知，持票人的追索权丧失

D. 持票人行使追索权时，可以不按顺序的先后，向其前手中的一人或数人行使

21. 汇票上的被追索人就是偿还义务人，包括（　　）。

A. 背书人　　B. 出票人

C. 保证人　　D. 参加承兑人

22. 承兑与民法上的债务承担的区别（　　）。

A. 承兑是付款人因自己的意思表示而负担债务，是债务的发生；债务承担则是债务的转移

B. 承兑是要式行为，债务承担是非要式行为

C. 承兑为单方法律行为，债务承担为合同行为

D. 承兑是非要式行为，债务承担是要式行为

23. 追索权行使的程序中拒绝事由的通知期限为（　　）。

A. 持票人应当自收到被拒绝承兑或者被拒绝付款的有关证明之日起 3 日内，将被拒绝事由通知其前手

B. 持票人应当自收到被拒绝承兑或者被拒绝付款的有关证明之日起 10 日内，将被拒绝事由通知其前手

C. 持票人前手应当自收到通知之日起 3 日内通知其再前手

D. 持票人前手应当自收到通知之日起 10 日内通知其再前手

24. 关于提示付款正确的说法是（　　）。

A. 提示付款是保全追索权的必要手段

B. 见票即付的汇票，持票人应当在出票日起 3 个月内向付款人提示付款

C. 定日付款、出票后定期付款或者见票后定期付款的汇票，其提示付款期间为到期日起 10 日内

D. 持票人未按规定期限提示付款的，承兑人不再负有付款责任

25. 下列说法中正确的是（　　）。

A. 票据保证人与被保证人之间为连带责任

B. 票据保证人与被保证人之间的责任关系可从其约定

C. 票据保证人为二人以上的，他们之间为连带责任

D. 票据保证人为二人以上的，他们之间的责任关系从其约定

26. 可以成为汇票被保证人的是（　　）。

A. 拒绝承兑的付款人　　B. 背书人

C. 出票人　　D. 承兑人

27. 下列哪些背书行为无效？（　　）

A. 背书人记载“禁止背书”，其后手又进行背书转让的

B. 只将汇票金额一部分进行转让的背书

C. 将汇票金额分别转让给两个人或更多人的背书

D. 附有条件的背书

28. 甲公司在与乙公司交易中获汇票一张，出票人为丙公司，承兑人为丁公司，付款人为戊公司，汇票到期日为 2024 年 11 月 30 日。当下列哪些情况发生时，甲公司可以在汇票到期日前行使追索权（　）。

A. 乙公司申请注销法人资格（背书人）

B. 丙公司被宣告破产（出票人）

C. 丁公司被吊销营业执照（承兑人）

D. 戊公司因违法被责令终止业务活动（付款人）

29. 甲签发汇票一张，汇票上记载收款人为乙，保证人为丙，金额为 20 万元，汇票到期日为 2012 年 11 月 1 日。乙持票后将其背书转让给丁，丁再背书转让给戊，戊要求付款银行付款时被以背书不具有连续性为由拒绝付款。该事件中的票据债务人包括（　　）。

A. 甲　　B. 乙　　C. 丙　　D. 丁

名词解释

1. 汇票

2. 出票

3. 背书

4. 承兑

5. 提示承兑

6. 代位追索权

简答题

1.《票据法》第 61 条第 1 款规定："汇票到期被拒绝付款的，持票人可以对背书人、出票人以及汇票的其他债务人行使追索权。"简析该条规定。

2. 简答汇票保证人的责任。

论述题

论述出票的效力。

案例分析题

1. 某市 J 银行与 G 银行商定，由 J 银行向 G 银行拆借资金，具体的运作方法是：以某市 J 银行为出票人，签发金额为 1 亿元人民币、付款期限为 6 个月的银行承兑汇票一张。该汇票的付款人记载为某市 J 银行，收款人为某市 G 银行。J 银行在该汇票上签章承兑，并将汇票交给了 G 银行。G 银行按照票面金额扣除 6 个月的利息后，将剩下的款项划到了 J 银行在中国人民银行某市分行的账户上。待汇票到期后，因 J 银行无力兑付该到期汇票而引发诉讼。

一审法院经审理后认为：本案所涉的汇票为有效票据，某市 J 银行作为承兑人应该予以无条件的承兑。二审法院则认为：本案所涉的汇票为无效票据，导致该汇票无效的原因有以下两个：其一，本案的当事人在无真实的交易关系的情况下，签发了票据；其二，本案中汇票的出票人，付款人以及承兑人都是某市 J 银行，因此该汇票无实际的出票人，就是无实际的付款人，欠缺法定的形式要件。

请问：

（1）按照我国有关法律规定，本案所涉汇票的效力如何，为什么？

（2）二审法院的判决理由是正确还是错误？为什么？

2. 2025年3月5日，贸易公司与某玩具厂签订了一份购销合同。合同规定，由玩具厂向贸易公司提供总价款60万元的玩具，交货日为4月27日，结算采用银行承兑汇票，贸易公司开出汇票，3个月以后付款。合同签订完毕，贸易公司开出汇票由当地J银行进行了承兑，付款日期为2025年6月13日。玩具厂拿到汇票后，在供货之前向其开户的招商银行办事处申请贴现。该办事处在得到承兑汇票的J银行的"承兑真实、有效"的回电后，将该汇票向当地人民银行办理了再贴现。2025年4月27日，贸易公司在对方供货不到的情况下，派人前往查询，始知上当受骗。5月15日，承兑J银行以合同无效为由向贴现银行发出终止付款的通知。贴现银行则认为"合同无效，承兑无效"的理由不成立，承兑银行必须履行到期付款的义务。

请问：

（1）进行承兑的J银行是否应承担到期付款的义务？为什么？

（2）据以签发票据的合同关系无效是否导致票据关系的无效？

3. 甲、乙、丙三人合伙做生意，在年终结算时，乙由于手头没有足够的现金，打算用汇票进行结算。乙开出了一张金额为10万元的汇票，出票后3个月付款。甲为付款人，丙为收款人。丙拿到汇票后向甲进行了承兑，二周后，丙将汇票背书转让给某娱乐场所，后该单位不慎将背书栏签有单位公章的该汇票丢失，该单位负责人立即向甲办理了挂失止付手续。该汇票遗失后被丁拾到，并以被背书人的名义到某音响公司的经销处购买了一批音响，将汇票背书给音响公司。音响公司在汇票到期时持汇票请求甲付款，甲以汇票已挂失止付为由拒不付款，音响公司遂对所有前手发出了追索通知。

请问：

（1）音响公司是否享有该汇票的票据权利？

（2）音响公司是否可以对所有前手行使追索权？

（3）甲是否可以以挂失止付为由拒绝付款？

4. 某鲜花店因出售大批量的花篮，得到一张收款人为该鲜花店、票面金额为15万元人民币的银行汇票。该店背书转让了这张汇票。经过若干次背书后，这张汇票最后流通到某公司，当该公司持票请求付款时，付款银行拒绝付款，理由有二：一是票据从出票日起已经过了一个月；二是票据上的背书不连续。

请问：

（1）该鲜花店的背书为有效背书，请列举出有效的转让背书必须记载哪些事项？

（2）一张银行汇票如果从出票日起超过1个月的话，就不能得到票款了吗？

（3）什么是背书连续？背书连续的法律效力如何？

第二十八章　本票

基础知识图解

- 本票
  - 本票的概念和特征
  - 本票的种类
    - 记名式、指示式和无记名式
    - 即期本票和远期本票
    - 银行本票和商业本票
  - 本票的特殊规则
  - 本票的出票和见票

配套测试

单项选择题

1. 某本票的出票日期为 2024 年 3 月 7 日，其付款期限最长不得超过（　　）。

A. 2024 年 9 月 7 日　　B. 2024 年 6 月 7 日

C. 2024 年 5 月 7 日　　D. 2024 年 4 月 7 日

2. 本票持票人未按规定期限提示见票的，丧失对（　　）以外的前手的追索权。

A. 付款人　　B. 必须付款

C. 第一被背书人　　D. 出票人

3. 本票出票人在持票人提示见票时，（　　）。

A. 必须承兑

B. 必须承担付款的责任

C. 必须按本票上的载明承兑

D. 必须在提示之日起的定日内付款

4. 本票与汇票相比，在绝对记载事项中缺少的是（　　）。

A. 付款人名称

B. 收款人名称

C. 无条件支付的委托或承诺

D. 出票日期

5. 下列关于本票的说法，哪个是错误的？（　　）

A. 本票上未记载付款地的，该本票有效

B. 本票上未表明“本票”字样的，该本票无效

C. 本票上未记载出票地的，该本票有效

D. 本票上记载为有条件支付的承诺的，该本票有效

6. 下列关于本票的说法哪一项是正确的？（　　）

A. 收款人必须写全称，收款人名称经过更改的，更改后的收款人不享有票据权利，但是该本票仍有效

B. 票据金额记载的中文大写与数码不一致的，以中文大写为准

C. 本票上未记载出票日期的，本票无效

D. 本票上未记载付款地的，出票人的营业场所、住所或经常居住地为付款地

7. 出票人在本票上未记载出票地的，应当（　　）。

A. 以出票人的住所地为出票地

B. 以付款人的住所地为出票地

C. 以出票人的营业场所为出票地

D. 以本票签发地为出票地

8. 下列关于本票和支票的说法正确的是（　　）。

A. 我国票据法上的本票包括银行本票和商业本票，而支票只有银行支票

B. 我国票据法上的本票和支票都仅限于见票即付

C. 本票和支票的基本当事人都只包括银行和收款人

D. 普通支票只能用于支取现金，不得用于转账

多项选择题

1. 本票上未记载下列事项之一的，本票无效（　　）。

A. 表明“本票”的字样

B. 无条件支付的承诺

C. 付款地

D. 出票地

2. 下列有关本票上记载事项的说法中正确的有（　　）。

A. 本票的收款人名称是本票票面必须记载的事项

B. 本票上有关票面金额、收款人名称以及出票日期的记载不得涂改，否则该票无效

C. 本票上所记载的出票人只能是银行，或者其他资信状况良好的经济机构

D. 本票上没有记载“无条件支付的承诺”的，并不因此而免去出票人的付款义务，出票人仍应依票据记载的金额，向持票人承担无条件付款的义务

3. 甲假冒乙的姓名，签发本票交与受款人丙，丙以背书方式转让于丁，丁又以背书方式转让于戊。下列说法，哪些正确？（　　）

A. 戊持票向乙请求付款，乙可拒绝付款

B. 戊被拒绝付款后向丁行使追索权，丁清偿后可向丙再追索

C. 丁向丙再追偿时，丙可以票据系伪造为由而主张票据行为无效，拒绝清偿

D. 丁可以在丙拒绝清偿追索金额后向甲请求损害赔偿

简答题

1. 简答本票的法律特征。

2. 简答本票出票的效力。

第二十九章　支票

基础知识图解

- 支票
  - 支票的概念、特征和种类
    - 记名式、指示式和无记名式支票
    - 现金支票和转账支票
    - 一般支票和变式支票
  - 支票的特殊规则
  - 支票的出票、资金关系与空头支票、支票的付款
  - 支票与汇票的比较

配套测试

单项选择题

1. 由发票人签发的，委托银行于见票时无条件向受款人支付一定金额的票据是（　　）。

A. 汇票　　B. 本票

C. 支票　　D. 允诺式的票据

2. 下列有关支票的表述中哪一种表述不符合《票据法》的规定？（　　）

A. 支票限于见票即付，不得签发远期支票

B. 支票限于见票即付，因而没有背书转让制度

C. 支票是没有票据保证行为的

D. 支票的出票人不得签发与其预留本名的签名式样或者印鉴不符的支票

3. 以下所列事项中哪一项是在支票出票时可以空缺，由出票人授权他人补记的？（　　）

A. 金额　　B. 收款人名称

C. 出票日期　　D. 付款人名称

4. 下列事项哪个不是支票必须记载的事项？（　　）

A. “支票”字样　　B. 付款人名称

C. 付款地　　D. 出票日期

5. 以下所列行为中哪一种是汇票和本票共有而支票没有的？（　　）

A. 出票　　B. 承兑

C. 保证　　D. 背书

6. 下列说法不正确的是（　　）。

A. 支票持票人应于合理期间内或支票上载明的时间内提示承兑

B. 付款人依法支付支票金额的，不再承担票据责任，但有恶意或重大过失付款的除外

C. 支票出票人可以在支票上记载自己为收款人

D. 转账支票不得支取现金

7. 在支票上记载下列哪项，该记载本身无效（　　）。

A. 付款地　　B. 出票日期

C. 承兑　　D. 收款人的名称或姓名

8. 根据《票据法》的规定，关于各种支票的支付方式，正确的表述应当是（　　）。

A. 普通支票不可以支取现金，只可以转账

B. 现金支票既可以支取现金，也可以转账

C. 转账支票只能用于转账，不得支取现金

D. 转账支票主要用于转账，特殊情况下也可以支取现金

9. 甲公司派员工 A 到乙公司购买农用车并交给其一张支票用于支付进货款，但该支票未填写收款人、具体金额和出票日期，只是注明："此支票由 A 用来购买农用车，见票一月可兑付。" A 到乙公司进货时，发现乙公司的电动自行车利润大，市场前景更好，遂购买电动自行车，A 自行填写金额和收款人名称后用该支票支付购车款。但甲公司不同意 A 购进电动自行车的行为。以下说法正确的是？（　　）

A. 该支票因未记载出票日期而无效

B. 该支票未填收款人名称而无效

C. 该支票因记载"此支票由 A 用来购买农用车，见票一月可兑付"而无效

D. 该支票未填具体金额而无效

多项选择题

1. 东霖公司向忠谙公司购买一个元器件，应付价款 960 元。东霖公司为付款开出一张支票，因金额较小，财务人员不小心将票据金额仅填写了数码的"￥960 元"，没有记载票据金额的中文大写。忠谙公司业务员也没细看，拿到支票后就放入文件袋。关于该支票，下列哪些选项是正确的？（　　）

A. 该支票出票行为无效

B. 忠谙公司不享有票据权利

C. 东霖公司应承担票据责任

D. 该支票在使用前应补记票据金额的中文大写

2. 依据票据法的规定，下列有关支票记载事项的表述哪些是正确的？（　　）

A. 支票出票时金额可以授权补记，未补记前的支票不得使用

B. 支票出票时收款人名称可以授权补记，未补记之前不得使用

C. 支票上另行记载付款日期的，该记载无效，票据有效

D. 支票上未记载付款地点的，以付款人的营业场所、住所或经常居住地为付款地点

3. 下列有关支票上记载事项的说法中正确的有（　　）。

A. 支票的出票人不得签发与其预留本名的签名式样或者印鉴不符的支票，否则，该出票行为无效

B. 出票人签发的支票金额超过其付款时在付款人处实有的存款金额的，为空头支票

C. 支票上的付款地必须记载清楚，否则该支票无效

D. 支票上的收款人名称要记载清楚，否则，该支票的出票行为无效

4. 熊某因出差借款。财务部门按规定给熊某开具了一张载明金额 1 万元的现金支票。熊某持支票到银行取款，银行实习生马某向熊某提出了下列问题：你真的是熊某吗？为什么要借 1 万元？熊某拒绝回答，马某遂拒绝付款。根据票据法原理，关于马某行为，下列哪些选项是正确的？（　　）

A. 侵犯熊某人格尊严

B. 违反票据无因性原理

C. 侵犯持票人权利

D. 违反现金支票见票即付规则

5. 支票持票人未在规定的提示付款期间内提示付款，则（　　）。

A. 付款人可拒绝付款

B. 持票人可向出票人行使权利

C. 持票人可向背书人行使追索权

D. 持票人不得向背书人行使追索权

6. 张某为支付货款向李某开具了一张票面金额为 10 万元的支票。李某担心张某的信用，于是张某让其朋友陈某在该支票上写上了“保证”字样，并签上了陈某的名字。李某接收该支票后，背书转让给了安某。下列哪些选项是正确的？（　　）

A. 如果张某的出票行为无效，则陈某的保证行为亦无效

B. 如果张某的出票行为无效，并不必然导致保证行为无效

C. 如果安某到银行要求付款被拒绝，其可以向李某、陈某、张某行使追索权

D. 如果陈某在签署保证时附加了承担保证责任的条件，则当该条件未成就时陈某不承担责任

7. 关于支票的表述，下列哪些选项是正确的？（　　）

A. 现金支票在其正面注明后，可用于转账

B. 支票出票人所签发的支票金额不得超过其付款时在付款人处实有的存款金额

C. 支票上不得另行记载付款日期，否则该记载无效

D. 支票上未记载收款人名称的，该支票无效

名词解释

1. 支票

2. 空头支票

简答题

简答支票的种类。

案例分析题

1. 2024 年 9 月 3 日，双喜电器公司的董某在办事途中不慎将本单位一张印章齐全、但未填写收款单位、金额、日期的现金支票遗失。单位负责人获悉情况后立即向开户行办理了挂失手续。9 月 17 日，某建材公司的田某拿着 1 张金额为 5 万元的支票到银行提取现金，银行工作人员经查证发现该支票系 2 周前双喜电器公司的挂失支票，遂拒绝付款。田某指出该支票系某付款单位今日上午提货后立即填写的，不可能在 2 周前已挂失。银行办事人员拿出挂失凭据，于是双方各执一词，均认为自己有理有据，争执不下，后该建材公司诉至法院。

请问：银行是否可以受理空白现金支票的挂失？为什么？

2. 甲公司在银行的支票存款共有 100 万元人民币，该公司签发了一张面额为 200 万元的转账支票给乙公司。之后甲公司再没有向开户银行存款。

请问：

（1）乙公司所持的支票是否为空头支票？如何判断空头支票？

（2）空头支票的付款人是否为票据债务人？为什么？

（3）甲公司对空头支票的持票人应负什么责任？

3. 甲公司为了向乙公司购买一批货物，于3月11日签发了一张同城普通支票给乙公司用于支付货款，乙公司的会计在支票左上角画了两条平行线，于3月13日将该支票背书转让给丙公司。之后甲、乙公司之间的买卖合同解除。

请问：

（1）持票人丙公司能否要求付款银行支付现金？为什么？

（2）付款银行能否以甲、乙公司之间的买卖合同解除为理由拒绝向丙公司付款？为什么？

（3）丙公司于3月23日向付款银行提示付款，银行能否拒绝付款？为什么？

（4）如果银行不予付款，甲公司能否免除票据责任？为什么？

第三十章　保险法概述

基础知识图解

- 保险法概述
  - 保险
    - 概念
    - 特征：自愿性、有偿性、双向性、损益性、保险金支付的附条件和附期限性、保险功能的互助性
    - 种类
  - 保险法
    - 概念
    - 我国保险立法状况
    - 基本原则：最大诚信原则、保险利益原则、损害补偿原则、近因原则

配套测试

单项选择题

1. 以下选项所列哪一项不适用《保险法》？（　　）

A. 海上保险　　B. 农业保险

C. 财产保险　　D. 人身保险

2. 下列不属于商业保险的险种有（　　）。

A. 人寿保险　　B. 家庭财产保险

C. 医疗保险　　D. 失业保险

3. 甲为妻子乙投保了以其死亡为给付保险金条件的人身保险，并指定其子丙为受益人。甲投保时并未征得乙同意，但在后来保险公司回访时，乙称对于保险合同的内容已知情且对保险金额予以认可。2024 年 3 月甲与乙离婚，丙由乙抚养。2024 年 12 月，在一次交通事故中，乙与丙同时遇难，且不能确定死亡先后顺序。关于本案，下列哪一说法是正确的？（　　）

A. 保险合同有效，保险金归甲所有

B. 保险合同有效，保险金归丙的继承人

C. 保险合同有效，保险金归乙的继承人

D. 因投保时未征得乙同意，故该保险合同无效，保险公司无须赔偿

多项选择题

1. 关于保险利益，下列哪些表述是错误的？（　　）

A. 保险利益是指投保人或者被保险人对保险标的具有的法律上承认的利益

B. 人身保险的投保人在保险事故发生时，对保险标的应当具有保险利益

C. 财产保险的被保险人在保险合同订立时，对保险标的应当具有保险利益

D. 责任保险的投保人在保险合同订立时，对保险标的应当具有保险利益

2. 下列哪些选项符合保险利益原则？(　　)

A. 甲经同事乙同意，为其购买一份人寿险

B. 丙为自己刚出生一个月的孩子购买一份人身险

C. 丁公司为其经营管理的风景区内的一颗巨型钟乳石投保一份财产险

D. 戊公司为其一座已经投保的仓库再投保一份财产险

3. 甲公司投保了财产损失险的厂房被烧毁，甲公司伪造证明，夸大此次火灾的损失，向保险公司索赔 100 万元，保险公司为查清此事，花费 5 万元。关于保险公司的权责，下列哪些选项是正确的？(　　)

A. 应当向甲公司给付约定的保险金

B. 有权向甲公司主张 5 万元花费损失

C. 有权拒绝向甲公司给付保险金

D. 有权解除与甲公司的保险合同

名词解释

1. 保险

2. 保险标的

3. 保险价值

简答题

1. 简述保险的特征。

2. 简述保险法的最大诚信原则。

3. 简述保险利益的意义。

论述题

试论述保险利益原则。

案例分析题

某厂女工王某于 2021 年 6 月 22 日为贺某投保（贺某与王某为婆媳关系）。经贺某同意后购买了 10 年期简易人身保险 15 份，指定受益人为贺某之孙、王某之子甲，时年 12 岁。保险费按月从王某的工资中扣缴。交费一年零八个月后，王某与被保险人之子乙离婚，法院判决甲随乙共同生活。离婚后王某仍自愿每月从自己工资中扣缴这笔保险费，从未间断。2024 年 2 月 20 日被保险人贺某病故，4 月王某向保险公司申请给付保险金。与此同时，乙提出被保险人是其母亲，指定受益人甲又随自己共同生活，应由他作为监护人领取这笔保险金。王某则认为投保人是她，交费人也是她，而且她是受益人甲的母亲，也是甲合法的监护人，这笔保险金应由她领取。保险公司则以王某因离婚而对贺某无保险利益为由拒绝给付保险金。

请问：

（1）王某要求给付保险金的请求是否合理？为什么？

（2）乙要求给付保险金的请求是否合理？为什么？

（3）保险公司拒付理由是否成立？为什么？

（4）本案应当如何处理？为什么？

第三十一章　保险合同

基础知识图解

- 保险合同
  - 保险合同概述
    - 概念和特征
    - 分类
      - 财产保险合同、人身保险合同
      - 定值保险合同、不定值保险合同
      - 足额保险合同、不足额保险合同、超额保险合同
      - 个别保险合同、集合保险合同、总括保险合同
      - 单保险合同、复保险合同
      - 原保险合同、再保险合同
  - 保险合同的主体：保险人、被保险人、投保人、受益人
  - 保险合同的订立：合同的内容和订立的程序
  - 保险合同的有效与无效
  - 保险合同的履行
    - 投保人和保险人的义务
    - 索赔和理赔
    - 代位求偿权
  - 保险合同的变更与终止

配套测试

单项选择题

1. 投保人指定受益人时须经（　　）同意。

A. 被保险人　　B. 受益人

C. 保险人　　D. 投保人与保险人

2. 负有支付保险费义务的人是（　　）。

A. 受益人　　B. 由保险合同约定

C. 投保人　　D. 被保险人

3. 根据《保险法》的规定，因第三者对保险标的的损害而造成保险事故的，保险人自向被保险人赔偿保险金之日起，在赔偿金额范围内代位行使被保险人对第三者请求赔偿的权利。这里所谓的第三者不应包括（　　）。

A. 过失造成保险事故的被保险人的家庭成员或者组成人员

B. 故意造成保险事故的被保险人的家庭成员或者组成人员

C. 过失造成保险事故的被保险人的上级主管部门

D. 故意造成保险事故的被保险人的上级主管部门

4. 下列关于重复保险和再保险的表述，不正确的是（　　）。

A. 重复保险就是指投保人对同一保险标的、同一保险利益分别向两个以上保险人订立保险合同的保险

B. 再保险接受人不得向原保险的投保人要求支付保险费；原保险的被保险人或者受益人，不得向再保险接受人提出赔偿或者给付保险金的请求

C. 重复保险的保险金额总和超过保险价值的，各保险人的赔偿金额的总和不得超过保险价值；除合同另有约定外，重复保险的各个保险人应当按照其保险金额与保险金额总和的比例承担赔偿责任

D. 再保险分出人不得以再保险接受人未履行再保险责任为由，拒绝履行或者迟延履行其原保险责任

5. 投保人因重大过失而未向保险人履行如实告知义务，对保险事故的发生有严重影响的，则（　　）。

A. 保险人有权解除保险合同，但不退还保险费

B. 保险人有权解除合同，对于合同解除前发生的保险事故不承担赔偿或者给付保险金的责任，并不退还保险费

C. 保险人有权解除合同，对于合同解除前发生的保险事故不承担赔偿或者给付保险金的责任，但可以退还保险费

D. 保险人有权解除合同，但对合同解除前发生的保险事故要承担赔偿或者给付保险金的责任

6. 在财产保险合同中，因第三者对保险标的损害而造成保险事故，被保险人的以下四种索赔方法中，不符合《保险法》规定的是（　　）。

A. 直接向保险公司索赔

B. 直接向引起保险事故的第三者索赔

C. 在保险公司支付赔偿金后，就未取得赔偿的部分向引起保险事故的第三者索赔

D. 放弃对引起保险事故的第三者的求偿权，而要求保险公司支付赔偿金

7. 投保人故意不履行如实告知义务的，保险人对于保险合同解除前发生的保险事故，则（　　）。

A. 承担赔偿或者给付保险金的责任，但有权解除合同

B. 承担赔偿或者给付保险金的责任，并无权解除合同

C. 不承担赔偿或者给付保险金的责任，但要退还保险费

D. 不承担赔偿或者给付保险金的责任，并不退还保险费

8. 李某有一辆汽车，在保险公司投保4万元的财产险，后李某驾车游玩，车被孙某撞坏，孙某赔偿李某人民币2万元，那么，下列说法不正确的是（　　）。

A. 保险公司仍赔偿人民币4万元给李某

B. 保险公司应赔偿人民币2万元给李某

C. 若孙某未给予李某赔偿，保险公司给付李某4万元，赔偿后可代位行使对孙某的请求赔偿权

D. 若李某未经保险公司同意放弃孙某赔偿的2万元，则保险公司仍赔偿2万元给李某

9. 保险合同中规定有保险责任免除条件的，保险人在订立保险合同时应当向投保人明确说明，未明确说明的，（　　）。

A. 该合同无效

B. 该条款不产生效力

C. 对该条款作不利于保险人的解释

D. 可以减少投保人的保险费

10. 甲企业对企业的固定资产分别向乙、丙两个保险公司投保财产保险，并签订了保险合同。在保险期间，甲企业的固定资产发生保险事故，致使资产全部灭失。下面有关此事的表述，正确的是（　　）。

A. 甲企业只能选择乙、丙二家中的一家索赔

B. 甲企业可向乙、丙两家同时提出，一方作出赔偿后，另一方责任也免除

C. 如果乙、丙两家中的一家只予赔偿部分损失，甲企业可就不足部分向另一方索赔

D. 除保险合同另有约定外，乙、丙两家按照其保险金额与保险金额总和的比例承担责任

11. 投保方对被保险的财产发现有危险情况，不采取措施消除而造成损失的，则（　　）。

A. 由投保人自己负责

B. 由保险方负责赔偿

C. 由投保人和保险方共同承担责任

D. 投保人有权要求保险方承担全部赔偿责任

12. 保险责任开始前，投保人要求解除合同的，则（　　）。

A. 投保人不得解除保险合同，否则承担违约责任

B. 应当向保险人支付手续费，保险人不退还保险费

C. 保险人退还保险费，并不得收取手续费

D. 应当向保险人支付手续费，保险人应退还保险费

13. 甲公司代理人谢某代投保人何某签字，签订了保险合同，何某也依约交纳了保险费。在保险期间内发生保险事故，何某要求甲公司承担保险责任。下列哪一表述是正确的？（　　）

A. 谢某代签字，应由谢某承担保险责任

B. 甲公司承保错误，无须承担保险责任

C. 何某已经交纳了保险费，应由甲公司承担保险责任

D. 何某默认谢某代签字有过错，应由何某和甲公司按过错比例承担责任

14. 根据《保险法》的规定，被保险人应当遵守国家有关消防、安全、生产操作、劳动保护等方面的规定，维护保险标的的安全。相应地，保险人对此可以采取一系列措施。在下列措施中，哪一项属于保险人所采取的不正当措施？（　　）

A. 在投保人、被保险人未按照约定履行其对保险标的的安全应尽的责任的，有权解除合同

B. 为维护保险标的的安全，可以采取安全预防措施

C. 可以对保险标的的安全随时进行检查，及时向投保人、被保险人提出不安全因素和隐患的书面建议

D. 在投保人、被保险人未按照约定履行其对保险标的的安全应尽的责任的，有权要求增加保险费

15. 甲企业与乙保险公司签订了一份财产保险合同，保险金额为 50 万元。后保险标的发生火灾，甲企业认为自己已经投了保险，未采取任何措施防止火灾扩大，结果多损失了 5 万元。根据有关法律规定，下列表述中正确的有（　　）。

A. 乙保险公司应当赔偿甲企业的全部经济损失

B. 乙保险公司应在 50 万元以内赔偿甲企业的经济损失

C. 乙保险公司应在 50 万元以内赔偿甲企业的经济损失，但多损失的 5 万元由甲企业自负

D. 乙保险公司对甲企业损失不负责任，因为甲企业对火灾未采取措施消除

16. 因第三者对保险标的的损害而造成保险事故的，保险人自向被保险人赔偿保险金之日起，

在什么范围内代位行使被保险人对第三者的代位求偿权？（　　）

A. 保险价值　　B. 实际损失额

C. 赔偿金额　　D. 保险金额

17. 人身保险合同约定分期支付保险费，投保人支付首期保险费后，在合同没有约定的情况下，投保人超过规定的期限最多（　　）未支付当期保险费的，合同效力中止。

A. 30 日　　B. 60 日

C. 6 个月　　D. 1 年

18. 以死亡为给付保险金条件的合同，自合同成立之日起满多长时间后，如果被保险人是自杀，保险人可以按照合同给付保险金？（　　）

A. 1 年　　B. 2 年　　C. 3 年　　D. 5 年

19. 保险事故发生后，被保险人为减少保险标的的损失而支付的合理费用，应由（　　）负担。

A. 被保险人　　B. 投保人

C. 保险人　　D. 由保险人和被保险人协议确定

20. 保险人应在达成赔偿或者给付保险金协议后（　　）日内履行其义务。

A. 10　　B. 15　　C. 20　　D. 30

21. 甲将自己的汽车向某保险公司投保财产损失险，附加盗抢险，保险金额按车辆价值确定为 20 万元。后该汽车被盗，在保险公司支付了全部保险金额之后，该车辆被公安机关追回。关于保险金和车辆的处置方法，下列哪一选项是正确的？（　　）

A. 甲无须退还受领的保险金，但车辆归保险公司所有

B. 车辆归甲所有，但甲应退还受领的保险金

C. 甲无须退还保险金，车辆应归甲所有

D. 应由甲和保险公司协商处理保险金与车辆的归属

22. 李某与保险代理人张某洽谈车辆保险事宜，谈妥后李某即与张某签署了盖有保险公司印章的合同并缴付了保费，但张某表示需将保费交回公司后才能签发保单。后李某发生保险事故向该保险公司索赔，保险公司称张某已离职，且其未将保险合同和保费交回公司，故保险公司不能赔偿。对此，下列哪一选项是正确的？（　　）

A. 保险公司应当支付保险金，保费由保险公司向张某索赔

B. 李某应当向张某索赔车辆损失

C. 李某向保险公司补缴保费后可以获得保险赔偿

D. 待保险公司找到张某追回保费后，李某可以获得赔偿

23. 人身保险合同中，投保人申报的被保险人年龄不真实，并且其真实年龄不符合合同约定的年龄限制的，保险人可以解除合同，并且在扣除手续费后，向投保人退还保险费，但是（　　）除外。

A. 自合同成立之日起逾 2 年的

B. 投保人没有过失的

C. 投保人没有故意的

D. 投保人及时予以更正的

24. 保险合同成立后，除法律另有规定或者保险合同另有约定外，下列何人不得解除保险合同？（　　）

A. 投保人　　B. 受益人

C. 被保险人　　D. 保险人

25. 某企业与保险公司签订1份财产保险合同，保险标的为企业的厂房及设备，保险费2万元。投保后的第二年，该企业谎称其厂房内的设备被盗，向保险公司提出赔偿请求。依照法律规定，保险公司有权解除保险合同，其对保险费2万元的正确处理办法是（　　）。

A. 不退还2万元保险费

B. 应退还2万元保险费

C. 只退还2万元保险费的现金价值

D. 应退还2万元保险费及其利息

26. 根据保险价值在保险合同中是否先予确定进行分类，将保险合同分为（　　）。

A. 足额保险合同、不足额保险合同和超额保险合同

B. 定值保险合同和不定值保险合同

C. 补偿性保险合同和给付性保险合同

D. 特定危险保险合同和一切危险保险合同

27. 某核电厂为防止核爆炸造成巨额经济损失，向甲保险公司投保了为期1年的足额财产保险，保险金额为10亿元。核电厂担心一旦发生核爆炸，甲公司无力理赔，于1个月后又向乙保险公司投保了为期2年的足额财产保险，并通知甲保险公司。之后不久，核电厂因职工操作不慎发生核爆炸。本案的处理结果应为（　　）。

A. 核电厂与乙保险公司签订的保险合同无效，由甲保险公司赔偿10亿元

B. 两个保险合同均为有效合同，甲、乙两公司各赔偿10亿元

C. 两个保险合同均为有效合同，甲、乙两公司各赔偿5亿元

D. 核电厂与甲保险公司签订的保险合同无效，由乙保险公司赔偿10亿元

28. 下列选项中属于保险合同的特约条款的是（　　）。

A. 保险标的坐落地点及状况

B. 保险责任开始时间的计算方法

C. 违约责任和争议的处理

D. 约束投保人或被保险人行为的条款

29. 再保险合同在性质上属于（　　）。

A. 定值保险合同　　B. 给付保险合同

C. 责任保险合同　　D. 强制保险合同

30. 2023年10月11日，刘某为其新建的三层楼房向某保险公司投保了家庭财产保险，保险金额为30万元，保险期限自2023年10月12日零时起至2024年10月11日24时止。同年10月，刘某将楼房出租给个体户潘某堆放化学药品。刘某未将此节内容通知保险公司。2024年5月27日晚，存放在该楼内的化学药品受热起火，三层楼房烧得片瓦不存。事后，刘某持保险单前往保险公司索赔，保险公司应如何处理本案？（　　）

A. 解除保险合同，并就该起事故不承担赔偿责任

B. 解除保险合同，但应就该起事故承担赔偿责任

C. 增加保险费，就该起事故承担赔偿责任

D. 增加保险费，但不得解除保险合同

31. 甲以自己为被保险人向某保险公司投保健康险，指定其子乙为受益人，保险公司承保并出具保单。两个月后，甲突发心脏病死亡。保险公司经调查发现，甲两年前曾做过心脏搭桥手术，但在填写投保单以及回答保险公司相关询问时，甲均未如实告知。对此，下列哪一项表述是正确的？（　　）

A. 因甲违反如实告知义务，故保险公司对甲可主张违约责任

B. 保险公司有权解除保险合同

C. 保险公司即使不解除保险合同，仍有权拒绝乙的保险金请求

D. 保险公司虽可不必支付保险金，但须退还保险费

多项选择题

1. 下列关于保险人的代位求偿权的说法正确的是（　　）。

A. 因第三者对保险标的的损害而造成保险事故的，保险人自向被保险人赔偿保险金之日起，在赔偿金额范围内，取得对第三人的代位求偿权

B. 保险人向被保险人赔偿保险金后，被保险人未经保险人同意放弃对第三者求偿权的，不影响保险人的代位求偿权

C. 保险事故发生后，保险人未赔偿保险金之前，被保险人放弃对第三者请求赔偿的权利的，保险人不享有代位求偿权

D. 人身保险的被保险人因第三者的行为而发生死亡、伤残或疾病等保险事故的，保险人在向被保险人或受益人给付保险金后，对第三人不享有代位求偿权

2. 下列哪些情况下，除合同另有约定外，财产保险合同的保险人应当降低保险费，并按日计算退还相应的保险费？（　　）

A. 保险标的保险价值明显减少

B. 据以确定保险费率的有关情况发生变化，保险标的危险程度明显减少

C. 投保人对保险标的采取了相应保护措施

D. 保险标的被抵押

3. 保险人在下列哪些情况下享有解除保险合同的权利？（　　）

A. 人身保险合同中约定采用分期交纳保险费的方式，投保人支付首期保险费之后，已超过合同约定的期限两年半未缴纳第二期的保险费的

B. 财产保险中保险事故发生后，被保险人不积极进行施救的

C. 财产保险中保险合同成立后，保险标的的危险程度增加的

D. 人身保险中投保人申报的被保险人年龄不真实，合同成立 3 个月后，保险人发现被保险人的真实年龄不符合合同约定的年龄限制的

4. 下列关于再保险的说法中正确的有（　　）。

A. 原保险人和再保险人共同对被保险人的请求承担赔偿责任

B. 再保险人只能要求保险分出人支付保险费

C. 再保险合同的双方当事人都必须是保险公司

D. 再保险人按其所收取的保险费的比例承担赔偿责任，除此以外的赔偿责任不应由再保险人承担

5. 保险标的转让应当通知保险人，经过保险人同意继续承保后，依法变更保险合同，但是下列的哪些保险合同除外？（　　）

A. 财产保险合同　　B. 货物运输保险合同

C. 机动车辆保险合同　　D. 约定不需通知的合同

6. 代位求偿的例外，包括以下哪些情况？（　　）

A. 保险事故发生后，保险人未赔偿保险金时，被保险人放弃对第三者的请求赔偿的权利的，保险人免除给付保险金的义务

B. 保险人向被保险人赔付保险金后，被保险人无权擅自放弃对第三者的求偿权

C. 由于被保险人的过错致使保险人不能行使代位求偿权的，保险人可以相应扣减保险赔偿金

D. 家庭财产保险中，保险人不得对被保险人的家庭成员或者其组成人员行使代位求偿权，除非这些成员是为了诈取保险金而故意造成保险事故

7. 赵某与某保险公司签订了一份财产保险合同，在下列哪些情况下，该保险公司可以解除与赵某的保险合同？（　　）

A. 赵某故意隐瞒事实，不履行如实告知义务

B. 赵某因过失未履行如实告知义务，足以影响保险公司是否承保或者提高保险费率

C. 赵某在未发生保险事故的情况下，谎称发生保险事故

D. 在合同有效期内，该保险合同标的的危险程度增加

8. 下列费用应由保险人负担的有（　　）。

A. 保险事故发生后，保险人、被保险人为查明和确定保险事故的性质、原因和保险标的的损失程度所支付的必要的、合理的费用

B. 保险事故发生后，被保险人为防止或者减少保险标的的损失所支付的必要的、合理的费用

C. 保险事故发生后，被保险人向保险人索赔而支出的必要的、合理的费用

D. 责任保险的被保险人因给第三者造成损害的保险事故而被提起仲裁或者诉讼的，除合同另有约定外，由被保险人支付仲裁或者诉讼费用以及其他必要的、合理的费用

9. 根据《保险法》的规定，在以下哪些情形下，保险人不承担给付保险金的责任？（　　）

A. 以死亡为给付保险金条件的合同，被保险人在合同成立之日起的二年内自杀的

B. 以死亡为给付保险金条件的合同，被保险人自合同成立之日起满二年后自杀的

C. 被保险人故意犯罪导致其自身伤残、死亡的

D. 投保人、受益人故意造成被保险人死亡、伤残或疾病的

10. 被保险人死亡后，遇有下列情形之一的，保险金作为被保险人的遗产，由保险人向被保险人的继承人履行给付保险金的义务（　　）。

A. 没有指定受益人

B. 受益人先于被保险人死亡，没有其他受益人的

C. 唯一的受益人故意造成被保险人死亡的

D. 受益人在被保险人死亡后也死亡的

11. 在人身保险合同中，合同约定分期支付保险费，投保人支付首期保险费后，除合同另有约定外，投保人超过60日未支付当期保险费的，会产生以下哪些法律后果？（　　）

A. 合同效力终止

B. 合同效力中止

C. 保险人按照约定的条件减少保险金额

D. 合同自行解除

12. 下列关于保险的说法，正确的有（　　）。

A. 投保人申报的被保险人年龄不真实的，保险人可以解除合同

B. 投保人不得为无民事行为能力人投保以死亡为给付保险金条件的人身保险

C. 以死亡为给付保险金条件的合同，合同无效

D. 父母可以为其未成年子女投保以死亡为给付保险金条件的合同

13. 保险合同具有下列哪些特征？（　　）

A. 非要式合同　　B. 实践性合同

C. 有偿合同　　D. 双务合同

14. 下列哪些人在知道保险事故发生后，应当及时通知保险人？（　　）

A. 投保人　　B. 利害关系人

C. 被保险人　　D. 受益人

15. 关于保险合同，下列说法正确的是（　　）。

A. 货物运输保险合同和运输工具航程保险合同，保险责任开始后，合同当事人可以解除合同

B. 保险金额可以超过保险价值，但超过保险价值的部分，双方当事人应在合同中约定

C. 重复保险的保险金额可以超过保险价值，各保险人的赔偿金额的总和不得超过保险价值

D. 保险合同可以约定特殊条款，赋予保险人解除保险合同之权利

16. 某甲为其一辆轿车投保后，为骗取赔偿金，故意将轿车在路边撞毁，则保险公司对此（　　）。

A. 可解除保险合同

B. 不承担赔偿责任

C. 不退还保险费

D. 不承担保险责任，但应退还保险费

17. 投保人因过失未履行如实告知的义务足以影响保险人决定是否同意承保的，保险人（　　）。

A. 有权解除保险合同

B. 无权解除保险合同

C. 对保险合同解除前发生的保险事故不承担责任，并不退还保险费

D. 对保险合同解除前发生的保险事故不承担责任，但可退还保险费

18. 保险合同中应当包括下列事项（　　）。

A. 保险人名称和住所

B. 投保人、被保险人名称和住所

C. 保险费及交付办法

D. 订立合同的日期

19. 下列情况中，保险人有权解除保险合同的是（　　）。

A. 被保险人故意制造保险事故

B. 投保人、被保险人未按照约定履行保护保险标的安全应尽的责任

C. 标的的危险程度增加

D. 人身保险合同效力中止2年内保险人与投保人未达成协议

20. 保险标的危险增加时，保险人（　　）。

A. 可解除合同

B. 可要求增加保险费

C. 在维持原保险合同的情况下，可以标的危险增加对被保险人进行抗辩

D. 不作任何表示，视为默认

21. 被保险人未按约定履行其对保险标的安全应尽的责任时，保险人（　　）。

A. 可以要求增加保险费

B. 可以解除合同

C. 可以要求增加保险费，但不得解除合同

D. 可以要求解除合同，若不解除合同不得增加保险费

22. 保险责任开始前，投保人要求解除合同的，（　　）。

A. 投保人无须承担任何费用

B. 投保人应向保险人支付手续费

C. 保险人应全部退还保险费

D. 保险人仅退还部分保险费

23. 保险标的发生部分损失的，（　　）。

A. 在保险人赔偿后 30 天内，投保人可终止合同

B. 保险人可终止合同，但应提前 15 日通知投保人

C. 投保人要求终止合同的，不得要求退还未受损失部分保险费的余额

D. 保险人要求终止合同的，要退还未受损失部分保险费的余额

24. 某保险公司与刘某签订了一份财产保险合同，后该保险公司解除了与刘某的保险合同，保险公司解除合同的可能的法律依据有哪些？（　　）

A. 刘某故意隐瞒事实，不履行如实告知的义务

B. 刘某因过失未履行如实告知义务，足以影响保险人决定是否同意承保或者提高保险费率

C. 保险人、受益人在未发生保险事故的情况下，谎称发生了保险事故

D. 投保人、被保险人或者受益人故意制造保险事故

25. 关于投保人在订立保险合同时的告知义务，下列哪些表述是正确的？（　　）

A. 投保人的告知义务，限于保险人询问的范围和内容

B. 当事人对询问范围及内容有争议的，投保人负举证责任

C. 投保人未如实告知投保单询问表中概括性条款时，则保险人可以此为由解除合同

D. 在保险合同成立后，保险人获悉投保人未履行如实告知义务，但仍然收取保险费，则保险人不得解除合同

26. 2022 年 7 月，陈某为其母投保人身保险时，为不超过保险公司规定的承保年龄，在申报被保险人年龄时故意少报了 2 岁。2024 年 9 月保险公司发现了此情形。对此，下列哪些选项是正确的？（　　）

A. 保险公司有权解除保险合同，但需退还投保人已交的保险费

B. 保险公司无权解除保险合同

C. 如此时发生保险事故，保险公司不承担给付保险金的责任

D. 保险人有权要求投保人补交少交的保险费，但不能免除其保险责任

27. 甲为其妻乙投保意外伤害保险，指定其子丙为受益人。对此，下列哪些选项是正确的？（　　）

A. 甲指定受益人时须经乙同意

B. 如因第三人导致乙死亡，保险公司承担保险金赔付责任后有权向该第三人代位求偿

C. 如乙变更受益人无须甲同意

D. 如丙先于乙死亡，则出现保险事故时保险金作为乙的遗产由甲继承

28. 保险合同变更后，保险人在原保险单或者其他保险凭证上进行批注，几种不同的批注方式并存的时候，（　　）。

A. 签发时间在后的批注的效力优于签发时间在前的批注的效力

B. 打印的批注的效力优于附贴批注的效力

C. 手写批注的效力优于附贴批注的效力

D. 手写批注的效力优于打印批注的效力

29. 下列哪些情形下，保险合同部分无效？（　　）

A. 保险人未向投保人说明免责条款的

B. 保险人未向投保人说明全部条款的

C. 保险金额超过保险价值的

D. 保险金额低于保险价值的

30. 保险法中的保险利益原则是指投保人应当对保险标的具有法律上承认的利益，否则会导致保险合同无效。下列哪些选项符合保险利益原则？（　　）

A. 甲经同事乙同意，为其购买一份人寿险

B. 丙为自己刚出生一个月的孩子购买一份人身险

C. 丁公司为其经营管理的风景区内的一颗巨型钟乳石投保一份财产险

D. 戊公司为其一座已经投保的仓库再投保一份财产险

简答题

1. 简述投保人应具备哪些要件？

2. 简述保险欺诈及其法律后果。

3. 保险合同的成立与生效。

4. 简述保险当事人和保险关系人的概念。

论述题

1. 简述保险利益及其与保险合同的关系。

2. 试述保险合同的解除。

案例分析题

1. A 县保险公司与该县某村村民姜某于 2024 年 4 月 5 日签订了一份麦场夏粮火灾保险合同。姜某投保 10 亩麦田，以预测承保亩产 800 公斤，每公斤 1 元计算，共承保麦子 8000 公斤，保险金额为 8000 元。合同约定：A 县保险公司自 2024 年 6 月 5 日麦子入场到 7 月 2 日，对姜某麦场上的麦子承保火灾保险。在此期间，麦场发生火灾造成的损失，由保险方负责赔偿。但是，如果是由于投保方及其家属的故意行为造成火灾，火灾以外的自然灾害和意外事故，投保方违反交通部门的规定在公路上碾打麦子发生火灾三种情况，造成小麦损失时，保险方不负赔偿责任。同时合同约定了投保方的义务：在起保日前，按保险金额的 1‰一次性交清保险费，遵守公安消防及有关部门的规定，做好防火安全工作，麦场发生火灾，应积极施救，尽量减少损失等。合同签订日那天，姜某向 A 县保险公司一次性交清保险费 80 元，合同生效。6 月 7 日，姜某将麦子收割入场，6 月 10 日姜某外出办事，麦场无人看管，下午 3 时左右发生了火灾，经群众抢救扑火，四垛麦子除一垛外，其余全部烧毁，剩余一垛麦子 2000 公斤。火灾发生次日，姜某将火灾发生的情况及时通知 A 县保险公司，A 县保险公司协同 A 县公安局等有关单位作了勘查，A 县公安局结论是火灾原因不明。姜某按照保险合同的约定向 A 县保险公司请求偿付受损失麦子的价值共 6000 元。A 县保险公司以实际产量低于预测产量因而只能依实际产量赔偿损失为由，拒绝按保险合同规定的保险金额赔偿。姜某诉至人民法院。

请问：

（1）保险索赔和理赔的程序是什么？

（2）本案中双方当事人各自的举证责任是什么？

2. 2024 年 11 月 2 日，孙某夫妇每人投保了 100 万元人寿保险并交纳了保险费，11 月 3 日，保险公司同意承保并签发了正式保单，保单上约定承担保险责任的起始时间为 11 月 3 日零时。11 月 4 日，孙某夫妇在外出途中发生车祸，当场死亡。事后，保单受益人孙某夫妇的父母向保险公司索赔。保险公司认为，根据该公司投保的内部规定，人身保险合同金额巨大的，应当报总公司批准并且必须经过体检后方可承保，孙某夫妇违反了保险公司关于投保方面的规定，故该保单没有

发生法律效力。保险公司据此作出了拒赔决定。受益人不服，向法院起诉，要求保险公司承担给付保险金的责任。

请问：法院应如何处理本案？为什么？

3. 张某为其未成年的儿子向保险公司投保“儿童平安险”，双方在协商过程中，保险公司告知张某在人寿保险的格式合同上，载有“合同以被保险人身体检查合格为生效要件”的条款。张某在合同文本上签了字，并缴纳了合同约定的保险费。但是，在张某带儿子去医院体检的路上发生了车祸，其子不幸身亡。张某向保险公司请求支付保险金，被保险公司拒绝。对于本案，有两种不同的意见：一种意见认为保险公司不应当支付保险金，因为保险合同尚未生效；另一种意见认为保险公司应当支付保险金，因被保险人的死亡与体检是否通过没有关系。

请问：你支持哪种意见？并说明你的法律及法理依据。

4. 2023 年 3 月，某厂 45 岁的机关干部龚某因患胃癌（亲属因怕其情绪波动，未将真实病情告诉本人）住院治疗手术后出院，并正常参加工作，8 月 24 日，龚某经吴某推荐，与之一同到保险公司投保了简易人身险，办妥有关手续。填写投保单时没有申报身患癌症的事实。

2024 年 5 月，龚某旧病复发，经医治无效死亡。龚某的妻子以指定受益人的身份，到保险公司请求给付保险金。保险公司在审查提交有关的证明时，发现在龚某的病史上，载明其曾患癌症并动过手术，于是拒绝给付保险金。龚妻以丈夫不知自己患何种病，未违反告知义务为由抗辩，双方因此发生纠纷。

请问：保险公司应如何处理？

第三十二章　人身保险

基础知识图解

- 人身保险
  - 概述
    - 概念：以人的身体和生命为保险标的的保险
    - 特征：定额给付性；长期性；储蓄性
    - 分类
      - 依保险范围不同：人寿保险、人身意外伤害保险、健康保险
      - 依投保主体不同：个人、团体、联合人身保险
      - 依保险给付方式不同：一次性给付人身保险和分期给付人身保险
      - 依是否参与保险人利益分配：利益分配保险和无利益分配保险
      - 依被保险人健康状态：标准体保险和弱体保险
  - 主要的人身保险
    - 人寿保险
    - 健康保险
    - 意外伤害保险

配套测试

单项选择题

1. 保险人对人寿保险的保险费，不得用（　　）的方式要求投保人支付。

A. 仲裁　　B. 诉讼

C. 调解　　D. 和解

2. 人身保险合同因投保人迟延支付保险费而效力中止的，自合同效力中止之日起（　　）内双方未达成协议的，保险人有权解除合同。

A. 6 个月　　B. 1 年

C. 2 年　　D. 3 年

3. 关于以死亡为给付保险金条件的人身保险，下列说法不正确的是（　　）。

A. 投保人不得为无民事行为能力人投保此种保险，父母为其未成年子女投保的人身保险除外

B. 未经被保险人书面同意，并认可保险金额的合同无效，但被保险人是投保人的未成年子女的除外

C. 签发的保险单未经被保险人书面同意不得转让或质押

D. 为无民事行为能力人投保以死亡为给付保险金条件的保险合同，无须经被保险人同意

4. 根据《保险法》的规定，人身保险投保人对下列哪一类人员具有保险利益？（　　）

A. 与投保人关系密切的邻居

B. 与投保人已经离婚但仍一起生活的前妻

C. 与投保人有劳动关系的劳动者

D. 与投保人合伙经营的合伙人

5. 人寿保险的被保险人或者受益人对保险人请求给付保险金的权利，自其知道保险事故发生之日起（　　）不行使而消灭。

A. 2 年　　B. 1 年　　C. 6 个月　　D. 5 年

6. 人寿保险以外的其他保险的被保险人或者受益人，对保险人请求赔偿或者给付的权利，自下列选项中的何时起不行使而消灭？（　　）

A. 应当知道保险事故发生之日起 2 年

B. 保险事故为保险人所得知之日起 2 年

C. 保险事故发生之日起 2 年

D. 知道保险事故发生之日起 2 年

7. 某甲欲对其刚出世的婴儿投保以死亡为给付保险金条件的人身保险，下列表述中正确的是（　　）。

A. 如果保险公司同意承保，甲方可投保

B. 婴儿为无民事行为能力人，投保人不得投保以其死亡为给付保险金条件的人身保险

C. 甲可以为其孩子投保以死亡为给付保险金条件的人身保险

D. 投保之后，须经被保险人同意认可方为有效，而婴儿无能力认可，故保险合同无效

8. 丁某于 2021 年 5 月为其 9 周岁的儿子丁海购买了一份人身保险。至 2024 年 9 月，丁某已支付了三年多的保险费。当年 10 月，丁海患病住院，因医院误诊误治致残。关于本案，下列哪一表述是正确的？（　　）

A. 丁某可以在向保险公司索赔的同时要求医院承担赔偿责任

B. 应当先由保险公司支付保险金，再由保险公司向医院追偿

C. 丁某应先向医院索赔，若医院拒绝赔偿或无法足额赔偿，再要求保险公司支付保险金

D. 丁某不能用诉讼方式要求保险公司支付保险金

9. 下列关于人身保险合同中受益人的表述，错误的是（　　）。

A. 受益人可以是一个，也可以是多人

B. 受益人是多人的，如未确定受益份额，则按照相等份额享有受益权

C. 投保人变更受益人的，应当征得被保险人的同意

D. 被保险人变更受益人的，应当征得保险人的同意

10. 关于人身保险，下列说法正确的是（　　）。

A. 法人可以成为投保人

B. 法人可以成为被保险人

C. 未出生的胎儿可以成为被保险人

D. 人身保险的投保人不按期缴纳保险费，保险公司可以向人民法院提起诉讼

11. 关于人身保险合同中受益人资格的要求，下列判断中哪一说法是错误的？（　　）

A. 无民事行为能力的自然人可为受益人

B. 已经死亡的成年人可为受益人

C. 法人或其他组织可为受益人

D. 只要活着出生的胎儿也可成为受益人

12. 王女士于 2024 年 10 月 20 日与某保险公司订立了一份人寿保险合同，当天缴清全部保险费，但保险公司因故未能及时签发保险单。此后不久，王女士不幸因车祸身亡，本案人寿保险合同依《保险法》的规定，将产生何种法律效果？（　　）

A. 不因保险人未签发保单而归于无效

B. 因保险人未签发保单而解除
C. 因保险人未签发保单而可撤销
D. 因保险人未签发保单而效力待定
13. 下列事故中，不属于意外伤害保险合同的保险责任的是（　　）。
A. 被保险人因交通事故致死
B. 被保险人不慎落水而死
C. 被保险人心脏病突发而死
D. 被保险人触电而死
14. 2024 年 3 月 1 日，因办厂急需资金，孙某向张某借款 10 万元，借款期限为两年。次日，经张某同意，孙某以张某为被保险人向某保险公司投保了人寿保险，指定受益人为孙某，保险金额为 15 万元，保险期限为一年。同年 8 月 5 日，张某突发疾病，住院治疗花去 1 万元后，于 2024 年 9 月 23 日不治身亡。2024 年 10 月 7 日，孙某持保单向保险公司提出保险金给付请求。保险公司应如何处理本案？（　　）
A. 因孙某对被保险人张某不具保险利益，保险合同无效
B. 保险合同有效成立，保险公司给付孙某 10 万元保险金
C. 保险合同有效成立，保险公司给付孙某 15 万元保险金
D. 保险合同有效成立，保险公司给付孙某 16 万元保险金
15. 2022 年 9 月 7 日，耿某为其妻严某投保人寿保险，保险期限为 10 年，指定受益人为其子耿大牛、耿二牛，保险金额为 20 万元。耿某一次性缴清全部保费。2024 年 3 月 18 日，耿大牛贪图巨额保险金，将其母毒死。案发后，耿大牛被判处死刑。2024 年 8 月 2 日，耿二牛持保单及有关证明、资料向保险公司提出索赔请求。依据现行《保险法》，保险公司应如何处理本案？（　　）
A. 因投保人耿某业已交足两年以上保费，保险公司应向耿某退还保险单的现金价值
B. 因投保人耿某业已交足两年以上保费，被保险人又被受益人耿大牛故意杀害，保险公司应向另一受益人耿二牛退还保险单的现金价值
C. 因受益人耿大牛故意杀害被保险人，丧失受益权，保险公司应依据保险合同向另一受益人耿二牛给付保险金 20 万元
D. 受益人耿大牛故意杀害被保险人，并不影响另一受益人耿二牛的受益份额，保险公司应向耿二牛给付保险金 10 万元
16. 我们现行保险法对于不满 10 周岁的儿童投保的以死亡为给付保险金条件的人身保险：（　　）。
A. 一律禁止
B. 原则上禁止，但父母为子女投保的除外
C. 原则上禁止，但监护人为被监护人投保的除外
D. 未加以特别限制
17. 甲向某保险公司投保人寿保险，指定其秘书乙为受益人。在保险期间内，甲、乙因交通事故意外身亡，且不能确定死亡时间的先后。该起交通事故由事故责任人丙承担全部责任。现甲的继承人和乙的继承人均要求保险公司支付保险金。下列哪一选项是正确的？（　　）
A. 保险金应全部交给甲的继承人
B. 保险金应全部交给乙的继承人
C. 保险金应由甲和乙的继承人平均分配
D. 某保险公司承担保险责任后有权向丙追偿

18. 杨某为其妻王某购买了某款人身保险，该保险除可获得分红外，还约定若王某意外死亡，则保险公司应当支付保险金 20 万元。关于该保险合同，下列哪一说法是正确的？（　　）

A. 若合同成立 2 年后王某自杀，则保险公司不支付保险金

B. 王某可让杨某代其在被保险人同意处签字

C. 经王某口头同意，杨某即可将该保险单质押

D. 若王某现为无民事行为能力人，则无须经其同意该保险合同即有效

多项选择题

1. 李某于 2010 年为自己投保，约定如其意外身故则由妻子王某获得保险金 20 万元，保险期间为 10 年。2019 年 9 月 1 日起李某下落不明，2024 年 4 月法院宣告李某死亡。王某起诉保险公司主张该保险金。关于本案，下列哪些选项是正确的？（　　）

A. 保险合同应无效

B. 王某有权主张保险金

C. 李某死亡日期已超保险期间，故保险公司不承担保险责任

D. 如李某确系 2019 年 9 月 1 日下落不明，则保险公司应承担保险责任

2. 甲公司交纳保险费为其员工张某投保人身保险，投保单由保险公司业务员代为填写和签字。保险期间内，张某找到租用甲公司槽罐车的李某催要租金。李某与张某发生争执，张某打碎车窗玻璃，并挡在槽罐车前。李某怒将张某撞死。关于保险受益人针对保险公司的索赔理由的表述，下列哪些选项是正确的？（　　）

A. 投保单虽是保险公司业务员代为填写和签字，但甲公司交纳了保险费，因此保险合同成立

B. 张某的行为不构成犯罪，保险公司不得以此为由主张免责

C. 张某的行为属于合法的自助行为，保险公司应予理赔

D. 张某的死亡与张某的行为并无直接因果关系，保险公司应予理赔

3. 孙某为其子孙一（现年 15 岁）投了人身保险，至今已交纳保险费满 3 年，受益人为其妻刘某和其母赵氏。以下说法正确的是（　　）。

A. 如该人身保险合同为死亡险，则未经孙一书面同意，依照该合同签发的保险单不得转让或质押

B. 假设孙一经常有小偷小摸行为，经孙某屡次管教仍不改正，孙某自觉无脸面对邻居、同事，遂与其妻刘某商议共同下药毒死其子，但由于剂量掌握不准，毒成了植物人，则保险公司不承担给付保险金的责任

C. 在 B 项中，保险公司仍应当按照保险单退还其现金价值，由于刘某与赵氏未约定受益份额，故其两人平分

D. 假设孙一由于走私毒品在逃避警察追捕的过程中摔断双腿，则保险公司不承担赔偿责任，但应当按照保险单退还现金价值，受益人为刘某与赵氏

4. 下列说法正确的是（　　）。

A. 以死亡为给付保险金条件的合同，被保险人自杀的，保险人一般不承担给付保险金的责任

B. 被保险人故意犯罪致其自身伤残或死亡的，保险人不承担给付保险金的责任

C. 人身保险合同约定分期支付保险费，投保人支付首期保险费后，除另有约定外，投保人超过规定的期限 60 日未支付当期保险费的，保险人有权解除合同

D. 人寿保险合同的受益人请求保险人给付保险金的权利，自其知道保险事故发生之日起 2 年内不行使而消灭

5. 经营有人寿保险业务的公司，除（　　），不得解散。

A. 严重亏损

B. 合并

C. 分立

D. 公司章程规定的解散事由出现

6. 某甲已投保人身保险，约定身体遭受伤害时由保险公司付给保险金，合同成立 2 年后，某甲在某地翻墙入室准备行窃时，从墙上掉下来摔成粉碎性骨折，下列说法正确的有（　　）。

A. 保险人应给付保险金

B. 保险人可以不给付保险金

C. 保险人可以不按约定给付足额保险金

D. 保险人应当按照保险单退还某甲保险单的现金价值

7. 下列选项中的内容哪些符合人身保险的特征？（　　）

A. 必须由被保险人同意才能投保

B. 必须由人寿保险公司专门经营

C. 是一种定额给付性质的保险

D. 是自愿保险，不存在强制保险

8. 投保人已交足 2 年以上保险费的人身保险合同，投保人、受益人共同谋杀了被保险人，则保险人（　　）。

A. 应承担给付保险金的责任

B. 不应承担给付保险金的责任

C. 应按照合同的约定向其他享有权利的受益人退还保险单的现金价值

D. 退还保险费

9. 人身保险的受益人通过哪些途径产生？（　　）

A. 被保险人指定

B. 投保人指定

C. 被保险人与投保人协商确定

D. 被保险人指定后征得投保人同意

10. 根据《保险法》的规定，保险合同成立后，保险人原则上不得解除合同。下列哪些情形下保险人可以解除合同？（　　）

A. 人身保险中投保人在交纳首期保险费后未按期交纳后续保费

B. 投保人虚报被保险人年龄，保险合同成立已 1 年 6 个月

C. 投保人在投保时故意未告知投保汽车曾遭遇严重交通事故致发动机受损的事实

D. 投保人未履行对保险标的安全维护之责任

11. 人身保险合同中，保险人不承担保险金给付责任的情形有（　　）。

A. 被保险人故意犯罪导致的自身残废

B. 第三人的行为导致被保险人死亡，受益人放弃追偿权的

C. 被保险人因车祸受伤

D. 受益人为获得保险金而杀害被保险人

12. 下列有关人身保险合同中的受益人的表述，不正确的是（　　）。

A. 受益人可以为一人或者数人

B. 受益人只能由投保人单独指定

C. 投保人可以单独变更受益人，而不须经被保险人同意

D. 受益人先于被保险人死亡的，保险金作为被保险人的遗产由其继承人继承

不定项选择题

1. 陈某为其父向保险公司投两全保险，保险合同成立后，陈某发现将自己父亲年龄申报有误。就有关错误的情况以及由此产生的法律后果，下列表述正确的是（　　）。

A. 如果陈某父亲的真实年龄不符合合同约定的年龄限制，则保险公司可以解除合同，并且不退还保险费，但自合同成立之日起逾两年的除外

B. 如果陈某申报的其父年龄不真实，致使陈某实付的保险费少于应付保险费的，保险公司有权更正并要求陈某补交保险费

C. 如果陈某申报的其父年龄不真实，致使陈某实付的保险费少于应付保险费的，保险公司有权在给付保险金时按照实付保险费与应付保险费的比例支付

D. 如果陈某申报的其父年龄不真实，致使陈某实付的保险费多于应付保险费的，陈某无权请求保险公司退还多收的保险费

2. 李某于 2022 年 10 月在某保险公司投保简易人身保险 30 年期 10 份，约定保险费每月 10 日分期交付。2024 年 6 月 10 日李某因下岗无力按期交付保险费，7 月 10 日仍未交付。8 月 15 日外出时遇车祸身亡。保险人应选择的处理方式是（　　）。

A. 李某虽未按时交付保险费，但是保险人仍应按已交付保险费占全部保险费的比例支付保险金

B. 因未按时交付保险费而解除保险合同

C. 虽未交足 2 年保险费但应在扣除手续费后退还保险费

D. 因合同成立不足 2 年而退还保险单的现金价值

论述题

1. 试述人身保险合同特殊条款的履行方法。

2. 试论述人身保险合同中的受益权。

案例分析题

1. 甲有两子，长子乙，次子丙，丙有残疾，无自理生活能力。乙为甲投保了人寿保险，期限为 10 年，受益人为丙。后甲因病住院，在甲住院时，乙未经甲同意，将保险单交给邻居丁作质押，借款 1 万元。甲因病医治无效，四个月后去世。丁催乙还款，乙不还。保险公司通知丙领取保险金。丙找丁要保险单，丁以保险单已作质押为由，拒绝交出。同时，乙也以自己为继承人为理由，要求领取保险金。丙无奈，向人民法院提起诉讼。

请问：

（1）本案中保险单质押行为是否有效？为什么？

（2）本案中乙之理由是否成立？为什么？

（3）法院应如何处理本案？

2. 甲于 2021 年 4 月 20 日经其婆婆乙同意后为乙投了一份简易人身保险，指定受益人为乙之孙、甲之子丙，丙当时 10 岁。保险费从甲的工资中扣交。交费 2 年后，甲与乙之子丁离婚，法院判决丁享有对丙的抚养权。离婚后甲仍自愿按每月从自己工资中扣交这笔保险费，从未间断。2024 年 10 月 1 日乙病故，12 月甲向保险公司申请给付保险金，认为自己是投保人，一直交纳保险费，而且自己是受益人丙的母亲；与此同时，丁提出本保险合同的受益人是丙，自己作为丙的

监护人，这笔保险金应由他领取；保险公司则以甲因离婚而对乙无保险利益为由拒绝给付保险金。

请问：

（1）甲要求给付保险金的请求是否合法？为什么？

（2）丁要求给付保险金的请求是否合法？为什么？

（3）保险公司拒付的理由是否成立？为什么？

（4）本案应当如何处理？为什么？

（5）假设甲为其婆婆乙投保时，申报的年龄为60岁，而乙当时真实的年龄是70岁，保险合同约定的最高年龄限制是65岁，那么该案如何处理？保险公司应否给付保险金？

第三十三章　财产保险

基础知识图解

- 财产保险
  - 概述
    - 概念和特征
    - 分类
      - 依标的的不同：财产损失保险、责任保险、信用保险、保证保险
      - 依投保主体不同：家庭个人财产保险与企业经营财产保险
      - 依所保财产分布行业不同：火灾保险、运输保险、工程保险、农业保险
  - 主要的财产保险
    - 火灾保险
    - 运输保险
    - 责任保险
    - 保证保险
    - 信用保险
    - 海上保险

配套测试

单项选择题

1. 姜某的私家车投保商业车险，年保险费为3000元。姜某发现当网约车司机收入不错，便用手机软件接单载客，后辞职专门跑网约车。某晚，姜某载客途中与他人相撞，造成车损10万元。姜某向保险公司索赔，保险公司调查后拒赔。关于本案，下列哪一选项是正确的？(　　)

A. 保险合同无效

B. 姜某有权主张约定的保险金

C. 保险公司不承担赔偿保险金的责任

D. 保险公司有权解除保险合同并不退还保险费

2. 甲公司将其财产向乙保险公司投保。因甲公司要向银行申请贷款，乙保险公司依甲公司指示将保险单直接交给银行。下列哪一表述是正确的？(　　)

A. 因保险单未送达甲公司，保险合同不成立

B. 如保险单与投保单内容不一致，则应以投保单为准

C. 乙保险公司同意承保时，保险合同成立

D. 如甲公司未缴纳保险费，则保险合同不成立

3. 某企业投保财产险100万元，在一次电路短路火灾事件中，实际遭受损失为95万元，为保护和抢救财产支出必要费用为10万元，为确认保险责任范围内的损失交付的估价合理费用为2万元。保险公司应向某企业赔偿（　　）。

A. 95万元　　　　B. 100万元

C. 103 万元　　D. 107 万元

4. 潘某向保险公司投保了一年期的家庭财产保险。保险期间内，潘某一家外出，嘱托保姆看家。某日，保姆外出忘记锁门，窃贼乘虚而入，潘某家被盗财物价值近 5000 元。下列哪一表述是正确的？（　　）

A. 应由保险公司赔偿，保险公司赔偿后无权向保姆追偿

B. 损失系因保姆过错所致，保险公司不承担赔偿责任

C. 潘某应当向保险公司索赔，不能要求保姆承担赔偿责任

D. 潘某只能要求保姆赔偿，不能向保险公司索赔

5. 张三向保险公司投保了汽车损失险。某日，张三的汽车被李四撞坏，花去修理费 5000 元。张三向李四索赔，双方达成如下书面协议：张三免除李四修理费 1000 元，李四将为张三提供 3 次免费咨询服务，剩余的 4000 元由张三向保险公司索赔。后张三请求保险公司按保险合同支付保险金 5000 元。下列哪一说法是正确的？（　　）

A. 保险公司应当按保险合同全额支付保险金 5000 元，且不得向李四求偿

B. 保险公司仅应当承担 4000 元保险金的赔付责任，且有权向李四求偿

C. 因张三免除了李四 1000 元的债务，保险公司不再承担保险金给付责任

D. 保险公司应当全额支付 5000 元保险金，再向李四求偿

多项选择题

1. 下列可以作为财产保险标的的有（　　）。

A. 企业的厂房设备

B. 被保险人依法对他人应承担的债务

C. 运输中的货物

D. 被保险人依法对第三人应承担的赔偿责任

2. 下列有关财产保险合同的表述哪些是正确的？（　　）

A. 保险标的的保险价值，可以由投保人和保险人约定并在合同中载明

B. 保险标的的保险价值，可以由投保人和保险人按照保险事故发生时保险标的的实际价值确定

C. 保险金额不得超过保险价值，超过保险价值的，保险合同无效

D. 保险金额低于保险价值的，保险人按照保险金额与保险价值的比例承担赔偿责任

3. 货物运输保险，保险责任开始后，除非另有约定，否则（　　）。

A. 投保人可以要求终止合同

B. 投保人不能要求终止合同

C. 保险人可以要求终止合同

D. 保险人不能要求终止合同

4. 曾某购得新车 1 辆，并在保险公司办理了财产保险，保险价值 30 万元。某日，曾某行车时被一出租汽车司机林某违章行驶而将其新车后部撞坏，造成损失 1 万元。下列有关本案的表述中正确的是（　　）。

A. 曾某既可以选择向林某索赔，也可以选择要求保险公司赔偿

B. 若保险公司向曾某支付了赔偿保险金，则曾某不得再向林某索赔

C. 若林某向曾某支付了赔偿费，则曾某仍有权要求保险公司支付赔偿金

D. 在保险公司未赔偿保险金之前，若曾某放弃对林某的索赔权，则保险公司不承担赔偿保险金的责任

5. 李某给自己的越野车投保了10万元责任险。李某让其子小李（16岁）学习开车，某日小李独自开车时不慎撞坏叶某的轿车，叶某为此花去修车费2万元。下列哪些选项是正确的？（ ）

A. 应当由李某对叶某承担侵权赔偿责任

B. 应当由小李对叶某承担侵权赔偿责任

C. 因李某疏于管理保险财产，保险公司有权单方通知李某解除保险合同

D. 保险公司支付保险赔款后不能对小李行使代位追偿权

6. 甲参加乙旅行社组织的沙漠一日游，乙旅行社为此向红星保险公司购买了旅行社责任保险。丙客运公司受乙旅行社之托，将甲运送至沙漠，丙客运公司为此向白云保险公司购买了承运人责任保险。丙客运公司在运送过程中发生交通事故，致甲死亡，丙客运公司负事故全责。甲的继承人为丁。在通常情形下，下列哪些表述是正确的？（ ）

A. 乙旅行社有权要求红星保险公司直接对丁支付保险金

B. 丙客运公司有权要求白云保险公司直接对丁支付保险金

C. 丁有权直接要求红星保险公司支付保险金

D. 丁有权直接要求白云保险公司支付保险金

7. 潘某请好友刘某观赏自己收藏的一件古玩，不料刘某一时大意致其落地摔毁。后得知，潘某已在甲保险公司就该古玩投保了不足额保险。关于本案，下列哪些表述是正确的？（ ）

A. 潘某可请求甲保险公司赔偿全部损失

B. 若刘某已对潘某进行全部赔偿，则甲保险公司可拒绝向潘某支付保险赔偿金

C. 甲保险公司对潘某赔偿保险金后，在向刘某行使保险代位求偿权时，既可以自己的名义，也可以潘某的名义

D. 若甲保险公司支付的保险金不足以弥补潘某的全部损失，则就未取得赔偿的部分，潘某对刘某仍有赔偿请求权

名词解释

1. 责任保险

2. 信用保险

简答题

1. 简述保险代位权的作用。

2. 简述财产损失保险合同的损失及其确定。

3. 责任保险与一般财产保险的区别。

论述题

试述损失填补原则。

案例分析题

某市制革厂于2024年1月11日与中国人民保险公司某分支公司签订了企业财产保险合同，将该厂自有的固定资产和流动资产全部投入保险，投保金额500万元，保险费1.8万元，保险期为一年。在财产保险合同保险单中，均写明了投保的流动财产包括成品、半成品和原材料，存放于本厂的车间、仓库。2024年6月28日制革厂与广州的甲公司签订了代销合同，由甲公司为制革

厂代销货物，同年7月19日，制革厂将一批货物发往甲公司，甲公司将货物存放在其仓库内，2024年8月25日由于广州连续多日高温，引起该批货物自燃，全部毁损。经鉴定为“皮革为骤然自燃所致”，甲公司立即通知了制革厂，制革厂向保险公司提出赔偿请求，保险公司以制革厂投保的标的物被销售转移，保险项目变更为由，拒绝赔偿，制革厂遂向人民法院起诉。

请问：保险公司是否负有赔偿责任？为什么？

第三十四章　保险业

基础知识图解

- 保险业
  - 保险公司
    - 概念及设立
    - 变更、解散、撤销、破产及其清算
    - 经营规则
  - 保险业的监督管理
    - 概念及意义
    - 监管的主要部门及职责
    - 对险种的基本条款、保险费率的监管
    - 对保险公司经营活动的监管
  - 保险代理人与保险经纪人

配套测试

单项选择题

1. 有关监督管理机关应当对设立外资保险公司的申请进行初步审查，自收到完整的申请文件（　　）内作出受理或不受理的决定。

A. 2 个星期　　B. 1 个月

C. 6 个月　　D. 12 个月

2. 根据《保险法》的规定，投保人故意不履行如实告知义务，保险人对保险合同解除前发生的保险事故（　　）。

A. 不承担赔偿或者给付保险金的责任，并不退还保险费

B. 不承担赔偿或者给付保险金的责任，但可以退还保险费

C. 承担赔偿或者给付保险金的责任

D. 承担赔偿或者给付保险金的责任，但可以请求增加保险费

3. 保险公司因法定或公司章程约定的解散事由出现的，经（　　）解散。

A. 由股东会依法作出决议后

B. 经监督管理机构批准后

C. 由国务院批准后

D. 由中国人民银行批准后

4. 因保险经纪人在办理保险业务中的过错，给投保人、被保险人造成损失的，由（　　）承担赔偿责任。

A. 保险经纪人

B. 保险人

C. 保险经纪人的上级主管部门

D. 保险经纪人与保险人共同

5. 保险公司在被整顿的过程中，其原有的业务（　　）。

A. 暂时停止

B. 继续进行

C. 转让给其他保险公司

D. 由整顿组织决定

6. 我国有资格经营商业保险业务的有（　　）。

A. 商业银行　　B. 信托公司

C. 保险公司　　D. 证券公司

7. 保险公司对每一危险单位，即对一次保险事故可能造成的最大损失范围所承担的责任，不得超过其实有资本金加公积金总和的（　　）。

A. 10%　　B. 20%　　C. 40%　　D. 50%

8. 设立保险公司的注册资本最低限额为人民币（　　）元。

A. 2亿　　B. 1亿　　C. 5000万　　D. 5亿

9. 商业保险的主要险种的基本保险条款和保险费率应由下列哪个机关制定？（　　）

A. 由金融监督管理机关制定

B. 由《保险法》规定

C. 由各保险公司在中国人民银行规定的范围和幅度内制定

D. 由各保险公司自由制定

10. 保险公司成立后应当按照其注册资本的（　　）提取保证金，存入监督管理部门指定的银行，除保险公司清算时用于清偿债务外，不得动用。

A. 20%　　B. 30%　　C. 10%　　D. 15%

11. 经营财产保险业务的保险公司当年自留保险费，不得超过（　　）。

A. 其公积金的4倍

B. 其注册资金的4倍

C. 其实有资本金的4倍

D. 其实有资本金加公积金总和的4倍

12. 下列关于兼业代理人的表述中正确的有（　　）。

A. 必须有所在单位法人授权书

B. 仍须参加保险代理人资格考试

C. 必须亲自向中国人民银行申请办理《经营保险代理业务许可证》

D. 是指兼职从事保险代理业务的个人

13. 外商投资企业的各项保险，（　　）。

A. 可由当事人选择向中国或外国的保险公司投保

B. 应向中国境内的保险公司投保

C. 可向经中国有关主管部门批准的外国保险公司投保

D. 应优先向中国境内的保险公司投保

14. 根据《保险法》的规定，下列关于保险代理人的表述，不正确的是哪一项？（　　）

A. 保险代理人既可为单位，也可为个人

B. 保险代理人在代为办理人寿保险业务时，不得同时接受两个以上保险人的委托

C. 保险代理人不得承诺向投保人、被保险人或者受益人给予保险合同规定以外的其他利益

D. 保险代理人为保险人代为办理保险业务

15. 保险监督管理机构依法对保险公司作出限期改正的决定后，当保险公司未在限期内予以改正的，由保险监督管理机构决定，对该保险公司进行（　　）。

A. 接管　　B. 整顿

C. 暂停营业的处罚　　D. 责令改正或合并

16.《保险法》规定，保险公司违反保险法规定，损害社会公共利益，可能严重危及或者已经危及保险公司的偿付能力的，监督管理机构可以对该保险公司实行（　　）。

A. 接管　　B. 整顿

C. 暂停营业的处罚　　D. 合并

17. 基于投保人的利益为投保人与保险人订立保险合同提供中介服务，并依法收取佣金的人被称为：（　　）。

A. 保险代理人　　B. 投保中介人

C. 保险经纪人　　D. 投保经纪人

多项选择题

1. 外资保险公司违反本条例规定，有下列行为的由监管机关责令限期改正，逾期不改正的，处 1 万元以上 10 万元以下的罚款（　　）。

A. 未按照规定提交报送有关文件、资料和书面报告的

B. 未按照规定公告的

C. 拒绝或者阻碍依法监督检查的

D. 提供虚假文件、资料和书面报告的

2. 外国保险公司分公司的总公司有下列情形的，该分公司应当自该情形发生之日起 10 日内，将有关情况向监管机构提交书面报告（　　）。

A. 变更名称、主要负责人

B. 变更注册地

C. 变更资本金

D. 变更持有资本总额 5%以上的股东

3. 外资保险公司按照监管机构核定的业务范围，可以全部或部分依法经营财产保险业务包括（　　）。

A. 财产损失保险　　B. 财产责任保险

C. 财产信用保险　　D. 财产意外保险

4. 申请设立外资保险公司的外国保险公司，应当具备以下哪些条件？（　　）

A. 所在国家或者地区有关主管当局同意其申请

B. 在中国境内已经设立代表机构 3 年以上

C. 提出设立申请前 1 年年末总资产不少于 80 亿美元

D. 符合所在国家或地区偿付能力标准

5. 外资保险公司是指依照中华人民共和国有关法律，行政法规的规定，经批准在中国境内设立和营业的下列保险公司（　　）。

A. 合资保险公司

B. 合作保险公司

C. 独资保险公司

D. 外国保险公司分公司

6. 下列关于保险代理人和保险经纪人的表述哪些是正确的？（ ）

A. 保险代理人是根据保险人的委托，向保险人收取代理手续费，并在保险人授权范围内代为办理保险业务的单位或个人

B. 保险经纪人是基于保险人的利益，为投保人与保险人订立保险合同提供中介服务，并依法收取佣金的单位

C. 个人保险代理人在代为办理人寿保险业务时，不得同时接受两个以上保险人的委托

D. 因保险经纪人在办理保险业务中的过错，给投保人、被保险人造成损失的，由保险经纪人承担赔偿责任

7. 保险公司的资金运用限于下列哪些形式？（ ）

A. 银行存款　　B. 买卖股票

C. 买卖国债　　D. 买卖企业债券

8. 关于人寿保险公司，下列说法正确的有（ ）。

A. 人寿保险的被保险人或者受益人对人寿保险公司请求给付保险金的诉讼时效期间，为自其知道保险事故发生之日起 5 年

B. 经营有人寿保险业务的保险公司，除分立、合并外，不得解散

C. 保险公司不得将财产保险和人寿保险混业经营

D. 保险公司依法破产后，应先赔偿或给付保险金，再清偿所欠税款

9. 下列关于保险公司的接管的叙述正确的是（ ）。

A. 保险公司的偿付能力受到危及时，监督管理机构可以对保险公司实行接管

B. 被接管的保险公司的债权债务发生相应的变化

C. 接管期限最长不得超过 1 年

D. 被接管的保险公司的财产已不能清偿所负债务的，明显缺乏清偿能力的，可向人民法院申请宣告其破产

名词解释

1. 保险代理人

2. 保险准备金

3. 保险经纪人

简答题

1. 保险专业代理人应具备哪些条件？

2. 简述保险监管的模式。

综合测试题一

单项选择题（共10题，每题1分，共10分）

1. 以下哪个选项不属于商法正式渊源？（　　）

A. 宪法

B. 国务院部门规章

C. 地方政府规章

D. 最高人民法院指导性案例

2. 李某是A有限责任公司股东之一。2025年1月5日，李某将其1/2股权转让给非公司股东王某，并将股权转让的数量、价格、支付方式和期限等事项书面通知其他股东，但未经其他股东过半数同意。2025年1月28日，另一股东张某主张行使同等条件下的优先购买权。下列哪一说法是正确的？（　　）

A. 李某与王某之间的股权转让合同无效

B. 王某最终不能取得A有限责任公司的股权

C. 因已办理变更登记，张某不能再行使优先购买权

D. 因已超过法定期限，张某不能再行使优先购买权

3. 2025年2月，程天和谢雨拟共同出资设立跑跑文化公司，关于该公司的设立情况，下列说法正确的是？（　　）

A. 若该公司为有限公司，两人的出资必须在公司设立之日起5年内缴足

B. 若公司章程约定股东出资在公司成立之日起3年内缴足，未届出资期限任何主体无权要求程天与谢雨提前缴纳出资

C. 若该公司为股份公司，两人的出资必须在公司设立之日起5年内缴足

D. 若该公司为股份公司，公司设立时两股东应当一次性缴纳全部出资，但后续增资可以按照约定分期缴纳

4. 甲用芳华公司的股权估值定价后向天浩公司出资，持股20%之后，甲对芳华公司违规操作并谋取巨额私利，导致芳华公司经营受阻，出资给天浩公司的股权也大幅度贬值。此时，甲将其持有的天浩公司20%的股权转让给不知情的乙。下列有关说法正确的是？（　　）

A. 甲对天浩公司已经履行了出资义务，对于股权贬值，甲无需承担补足责任

B. 对于股权贬值的差额，甲应向天浩公司补足

C. 对股权贬值的差额，甲和乙应承担连带向天浩公司补足的责任

D. 对股权贬值的差额，甲应向天浩公司补足，甲无力补足的，乙承担补充责任

5. 张某退休后于2024年5月，以50万元加入某有限合伙企业，成为有限合伙人。后该企业的另一名有限合伙人退出，张某成为唯一的有限合伙人。2024年10月，张某不幸发生车祸成为植物人。对此，下列哪一表述是正确的？（　　）

A. 就张某入伙前该合伙企业的债务，张某仅需要以50万元为限承担责任

B. 如张某因负债丧失偿债能力，该合伙企业有权要求其退伙

C. 因张某已成为植物人，故该合伙企业有权要求其退伙

D. 因唯一的有限合伙人已成为植物人，故该有限合伙企业应转为普通合伙企业

6. 根据《票据法》的相关规定，下列说法正确的是？（　　）

A. 票据权利是指付款请求权

B. 无民事行为能力人在票据上签章的，票据无效

C. 票据金额更改的，票据无效

D. 因继承无偿取得票据的，所享有的票据权利可优于前手的权利

7. 根据《商业银行法》的规定，2024 年甲商业银行与乙房地产公司进行的下列业务往来活动合法的是？（　　）

A. 双方共同开发某市房地产项目，并成立丙项目公司

B. 甲银行副行长兼任房地产公司副董事长，甲银行向丙项目公司投资 1 亿元

C. 乙房地产公司以该公司的房地产作抵押，向甲商业银行提出贷款申请

D. 甲商业银行经审核后，向乙公司发放了 2 亿元抵押贷款，该行当月资本余额为 18 亿元

8. 杨某为其妻王某购买了某款人身保险，该保险除可获得分红外，还约定若王某意外死亡，则保险公司应当支付保险金 20 万元。关于该保险合同，下列哪一说法是正确的？（　　）

A. 若合同成立第 3 年王某自杀，则保险公司不支付保险金

B. 王某可让杨某代其在被保险人同意处签字

C. 经王某口头同意，杨某即可将该保险单质押

D. 若王某现为无民事行为能力人，则无须经其同意该保险合同即有效

9. 下列行为中，不构成操纵证券、期货市场行为的是？（　　）

A. 甲与乙合谋利用资金优势连续买卖，操纵证券交易价格

B. 甲与乙相互串通，以事先约定的时间、价格和方式相互进行证券交易，影响证券交易价格

C. 甲以自己为交易对象，进行不转移所有权的自买自卖，影响证券交易价格

D. 甲系证券公司工作人员，利用因职务便利获取的内幕信息，从事与该信息相关的证券活动

10. 甲公司与乙公司是长期合作伙伴。2025 年，甲公司因技术更新换代过快，产品滞销，导致经营困难，资不抵债，被法院裁定受理破产清算程序。2025 年 4 月，在债权申报期间内，乙公司向管理人申报债权，金额为 5000 万元，无担保措施。管理人以乙公司提供的债权证明文件存在瑕疵为由，否认其债权。乙公司遂向法院起诉，要求确认债权。对此，下列说法正确的是？（　　）

A. 乙公司可以参加第一次债权人会议

B. 乙公司可以参加第一次债权人会议并就 5000 万元债权金额行使表决权

C. 乙公司的债权劣后于其他普通债权人清偿

D. 乙公司和其他普通债权人按照同等比例清偿

多项选择题（共 10 题，每题 2 分，共 20 分）

1. A 有限公司持有 B 有限公司 92%的股权，两公司拟进行合并，以下说法正确的是？（　　）

A. A 应当召开股东会会议，且经持有 2/3 以上表决权的股东审议通过

B. B 应当召开股东会会议，且经持有 2/3 以上表决权的股东审议通过

C. A 的债权人接到两公司的合并通知后，有权要求 A 公司向其提前清偿债务

D. 张某作为 A 公司的小股东若对合并表示反对，有权要求 A 公司以合理价格回购其股权

2. 东合公司向甲公司借款 100 万元，约定以东合公司的自有厂房为其设立抵押，但未办理抵押登记。之后东合公司被法院依法受理破产重整，在重整期间，破产管理人经法院同意向乙银行借款 200 万元，仍以该厂房设立抵押，并办理了抵押登记。下列说法正确的是？（　　）

A. 东合公司重整期间，甲公司有权要求拍卖抵押的厂房，并优先受偿

B. 乙银行的借款应由东合公司的财产随时清偿

C. 乙银行的借款优先于甲公司被清偿

D. 甲公司的借款应按重整计划清偿

3. 赵某、钱某、孙某、李某、周某是心心有限合伙企业的合伙人，其中赵某是普通合伙人，其余四人是有限合伙人。合伙协议对合伙份额的转让、质押等处分行为未做约定。下列说法正确的有（　　）。

A. 赵某死亡后，其合法继承人有权继承赵某在该合伙企业中的份额

B. 钱某的债权人申请法院执行钱某的合伙份额还债，其他合伙人不能主张优先购买权

C. 孙某对外转让其合伙份额时，其他合伙人无权主张优先购买权

D. 李某可随时转让其合伙份额给周某

4. 甲公司向乙公司签发一张银行承兑汇票，由H银行承兑。此后，乙公司将该汇票赠与丙公司。丙公司为了向丁公司偿还欠款，将汇票背书给丁公司。丁公司向H银行提示付款时，H银行称甲公司的保证金账户余额不足，拒绝承兑。对此下列说法正确的是？(　　)

A. 丁公司可以向甲公司行使追索权

B. 丁公司可以向乙公司行使追索权

C. 丁公司可以向丙公司行使追索权

D. 因丙公司未向乙公司支付对价，故丙公司不享有票据权利

5. 张某给自己家的80寸电视机投了全额火灾险，某日邻居谢某不慎将其电视机焚毁，对于本案以下说法正确的是？(　　)

A. 张某如果放弃对谢某的赔偿请求，保险公司可以对张某拒绝赔偿

B. 张某如果向保险公司索赔后放弃对谢某的赔偿请求，该弃权无效

C. 如果张某投的是不足额保险，那么他向保险公司索赔后可以就未获得赔偿的部分向谢某再索赔

D. 如果谢某是张某的家庭成员，则保险公司对张某赔偿后不能对谢某进行追偿

6. 关于证券公司禁止性业务规则，下列哪一说法是正确的？(　　)

A. 证券公司不得对客户证券买卖的收益或者赔偿证券买卖的损失作出承诺

B. 证券公司的从业人员不得私下接受客户委托买卖证券

C. 证券公司除依照规定为其客户提供融资融券外，可以为其股东或者股东的关联人提供融资或者担保

D. 不得接受客户的全权委托而决定证券买卖、选择证券种类、决定买卖数量或者买卖价格

7. 华瑞科技集团股份公司是A股上市公司，2024年该公司同时在我国和美国公开发行债券，募集资金5亿元人民币和1.2亿美元。2025年2月，华瑞科技集团股份公司的重要子公司华兴有限公司被宏达有限公司吸收合并，各方已经签订相关协议，第二天华瑞科技集团股份公司即按照美国的证券法律在境外进行了信息披露，此时国内投资者尚不知情。对此下列说法正确的是？(　　)

A. 关于重要子公司与宏达有限公司合并的信息，华瑞科技集团股份公司应当先在境内进行信息披露，后在境外进行信息披露

B. 华瑞科技集团股份公司的董事应当对信息披露的内容承担责任

C. 华瑞科技集团股份公司的监事应当对信息披露的内容承担责任

D. 华瑞科技集团股份公司的高级管理人员应当对信息披露的内容承担连带责任

8. 商业银行发放给房地产开发商的贷款已逾期未能清偿，商业银行将向其他银行同业拆借的

款项提供给房地产开发商，以新贷还旧贷，且贷款规模越来越大。因为房地产市场的不景气，房地产开发商终无力还款，商业银行自身的经营亦陷入困境，无法即时兑付存款人的本金和利息。下列说法中正确的是？（　　）

A. 中国人民银行可以对该商业银行进行接管

B. 中国人民银行可以对该商业银行进行罚款

C. 中国人民银行可以责令该商业银行停业整顿

D. 国家金融监管总局可以对该商业银行进行接管

9. 2023 年 3 月，阳光房地产开发公司（以下简称阳光公司）为开发绿洲家园小区，向 G 银行贷款 3000 万元，约定 3 年后清偿。蓝天公司对此贷款提供连带责任担保。2024 年 6 月，阳光公司开发的楼盘因市场不景气导致销售不佳，资金链断裂，无法清偿到期债务，被法院受理破产。3 个月后，蓝天公司也因业务不景气被法院受理破产。下列说法正确的是？（　　）

A. 当阳光公司被受理破产时，蓝天公司应向 G 银行清偿债务后再向阳光公司追偿

B. 当阳光公司被受理破产时，蓝天公司可用其将来求偿权申报债权

C. 当蓝天公司被受理破产后，G 银行可分别向阳光公司和蓝天公司申报全额债权

D. 当蓝天公司对 G 银行进行破产分配后，不可向阳光公司追偿

10. 张伟和李强两人共同出资 800 万元，通过财富管理公司设立了“财富成长”信托计划，用于投资国内的绿色农业项目，两人均为信托计划的受益人。财富管理公司主要业务为城市商业地产投资，因市场波动导致大量投资无法收回，于 2024 年 8 月被法院宣告破产。对此，下列说法正确的是（　　）。

A. “财富成长”信托计划可以继续存续

B. “财富成长”信托计划的信托财产应当作为财富管理公司的破产财产

C. “财富成长”信托计划的受益人不能向破产管理人进行债权申报

D. 在财富管理公司的破产程序中，张伟和李强可以优先受偿

名词解释（共 5 题，每题 4 分，共 20 分）

1. 公司人格否认

2. 股东代表诉讼

3. 证券承销

4. 承兑

5. 破产管理人

简答题（共 2 题，每题 10 分，共 20 分）

1. 简述信托财产的独立性。

2. 简述债权人委员会的性质及职权。

论述题（共 1 题，共 15 分）

论我国证券法中的信息披露制度。

案例分析题（共 1 题，共 15 分）

2023 年 1 月，甲、乙、丙三人共同出资设立了一家有限责任公司 A，注册资本为 500 万元，其中甲以货币出资 200 万元，乙以专利技术作价出资 150 万元，丙以机器设备作价出资 150 万元。

公司章程规定，股东会会议由股东按照出资比例行使表决权，公司设董事会，成员为 3 人，由甲、乙、丙各派一名董事，董事长由甲委派的董事担任。2024 年 5 月，公司因业务发展需要，决定增加注册资本 200 万元，甲、乙、丙按照原出资比例认缴新增资本。此时，丁提出愿意以 200 万元的价格受让丙的全部股权，丙同意转让，但甲、乙表示反对，认为丁的进入可能会对公司经营产生不利影响。

请问：

(1) 丙转让股权给丁是否需要经过甲、乙的同意？为什么？

(2) 若丙与丁的股权转让合同未经甲、乙同意，该合同是否有效？为什么？

(3) 若公司股东会决议通过了增加注册资本的方案，但丙未按照约定认缴新增资本，且公司未及时处理，债权人是否有权要求丙提前缴纳出资？为什么？

综合测试题二

☑ 单项选择题（共 10 题，每题 1 分，共 10 分）

1. 以下哪个选项不属于商法正式渊源？（　　）

A. 宪法　　B. 行政法规

C. 地方政府规章　　D. 学界通说

2. 甲是 L 公司的股东，持 30%。甲欲转让其股权给王某，换取王某对 S 公司的股权。就此事书面通知 L 公司的其他股东，股东乙提出以等值现金优先购买甲的股权，其余股东均未表态。甲拒绝了乙，执意将股权转让给王某，但因执行董事丙的拖延，未能办理变更登记。2024 年 10 月，甲为担保对黎某的债务，将股权质押给不知情的黎某并办理了质押登记。下列说法正确的是？（　　）

A. 王某未经登记，不能取得 L 公司的股权

B. 黎某不能取得该股权质权

C. 如王某因未办理变更登记受损失，有权要求甲和丙承担连带责任

D. 因不符合“同等条件”，乙主张优先购买不成立

3. 彭兵是一家（非上市）股份有限公司的董事长，依公司章程规定，其任期于 2024 年 3 月届满。由于股东间的矛盾，公司未能按期改选出新一届董事会。此后对于公司内部管理，董事间彼此推诿，彭兵也无心公司事务，使得公司随后的一项投资失败，损失 100 万元。对此，下列哪一选项是正确的？（　　）

A. 因已届期满，彭兵已不再是公司的董事长

B. 虽已届期满，董事会成员仍须履行董事职务

C. 就公司 100 万元损失，彭兵应承担全部赔偿责任

D. 对彭兵的行为，公司股东有权提起股东表诉讼

4. 唐某是沃运股份有限公司的发起人和董事之一，持有公司 15%的股份。因公司未能上市唐某对沃运公司的发展前景担忧，欲将所持股份转让。关于此事，下列有关说法正确的是？（　　）

A. 唐某可要求沃运公司收购其股权

B. 唐某可以不经其他股东同意对外转让其股份

C. 若章程禁止发起人转让股份，则唐某的股份不得转让

D. 若唐某出让其股份，其他发起人可依法主张优先购买权

5. 甲、乙、丙共同出资成立了 A 厂（普通合伙企业）。2024 年，甲向赵某借款 100 万元，到期无力清偿。甲拟以其持有的合伙企业份额对赵某进行清偿，其他合伙人均不同意，下列说法正确的是？（　　）

A. 其他合伙人为了避免甲的份额被强制执行，可协商代甲清偿赵某的欠款

B. 可以用合伙企业的盈利对赵某进行清偿

C. 若赵某向法院申请强制执行甲的份额，应经其他合伙人一致同意

D. 若赵某向法院申请强制执行甲的份额，其他合伙人不行使优先购买权也不同意份额对外转让的，视为其同意对外转让

6. 甲公司为清偿对乙公司的欠款，开出一张收款人是乙公司财务部长李某的汇票。李某不慎将汇票丢失，王某拾得后在汇票上伪造了李某的签章，并将汇票背书转让给外地的丙公司，用来支付购买丙公司电缆的货款，王某收到电缆后转卖得款，之后不知所终。关于本案，下列哪些说法是错误的？（　　）

A. 甲公司应当承担票据责任

B. 李某不承担票据责任

C. 王某应当承担票据责任

D. 丙公司应当享有票据权利

7. 2024 年 6 月经法院受理，甲公司进入破产程序。现查明，甲公司所占有的一台精密仪器，实为乙公司委托甲公司承运而交付甲公司的。关于乙公司的取回权，下列哪一表述是错误的？（　　）

A. 取回权的行使，应在破产财产变价方案或和解协议、重整计划草案提交债权人会议表决之前

B. 乙公司未在规定期限内行使取回权，则其取回权即归于消灭

C. 管理人否认乙公司的取回权时，乙公司可以诉讼方式主张其权利

D. 乙公司未支付相关运输、保管等费用时，保管人可拒绝其取回该仪器

8. 王某于 2021 年 8 月与保险公司签订一份人身保险合同，被保险人为其 8 周岁的儿子王强，未指定受益人。至 2024 年 8 月，王某已支付了 3 年的保险费。当年 9 月，王强患病住院，由于医院的重大失误致王强终身残疾。依照法律规定，下列有关本案的表述中不正确的是（　　）。

A. 保险公司应向王某支付保险金，并且不得向医院追偿；但王强仍有权向医院请求赔偿

B. 王某可以用诉讼方式要求保险公司支付保险金

C. 王某须先向医院索赔，若医院拒绝赔偿，再要求保险公司支付保险金

D. 若王强不幸身故，则保险金由其继承人受领

9. 甲商业银行拟全资收购乙商业银行，乙商业银行因此需要解散。根据相关法律规定，下列说法正确的是？（　　）

A. 乙商业银行应向该辖区市场监督管理局提出解散申请

B. 乙商业银行解散清算时，在支付清算费用、所欠的职工工资和劳保费用后，应优先支付个人储蓄存款本金和利息

C. 乙商业银行应向辖区金融监管局提出解散申请

D. 乙商业银行解散清算时，按照清偿计划及时偿还存款的本金和利息等债务

10. 根据《证券法》的规定，下列关于证券承销的说法，正确的是（　　）。

A. 证券代销期限届满，向投资者出售的股票数量未达到拟公开发行股票数量 70% 的，为发行失败

B. 主承销商只能由一家证券公司担任，不能由多家联合担任

C. 证券包销是指证券公司代发行人发售证券，在承销期结束时，将未售出的证券全部退还给发行人的承销方式

D. 所有证券发行都必须采取承销的方式

多项选择题（共 10 题，每题 2 分，共 20 分）

1. A 公司是一家上市公司。现董事长王某就 A 公司向 J 公司的投资之事准备召开董事会。因公司资金比较紧张，且其中一名董事梁某的妻子又在 J 公司任副董事长，有部分董事对此投资事宜表示异议。关于本案，以下说法正确的是？（　　）

A. 梁某不应参加董事会表决

B. 王某可代替梁某在董事会上表决

C. 若参加董事会的人数不足，则应提交股东会审议

D. A 公司不能投资于 J 公司

2. 湘星公司成立于 2019 年，甲、乙、丙三人是其股东，出资比例为 7∶2∶1，公司经营状况良好。2024 年年初，为拓展业务，甲提议公司注册资本增资 1000 万元。关于该增资程序的有效完成，下列哪些说法是正确的？（　　）

A. 三位股东不必按原出资比例增资

B. 三位股东不必实际缴足增资

C. 公司不必修改公司章程

D. 公司不必办理变更登记

3. 甲退休后于 2024 年 3 月，以 20 万元加入某有限合伙企业，成为有限合伙人。后该企业的另一名有限合伙人退出，甲便成为唯一的有限合伙人。2024 年 6 月，甲不幸发生车祸，虽经抢救保住性命，但已成为植物人。对此，下列哪些表述是错误的？（　　）

A. 就甲入伙前该合伙企业的债务，甲仅需以 20 万元为限承担责任

B. 如甲因负债累累而丧失偿债能力，该合伙企业有权要求其退伙

C. 因甲已成为植物人，故该合伙企业有权要求其退伙

D. 因唯一的有限合伙人已成为植物人，故该有限合伙企业应转为普通合伙企业

4. 根据《票据法》的规定，下列所列哪些行为构成票据欺诈，应依法追究刑事责任？（　　）

A. 签发空头支票，或者签发与其预留的本名签名式样或者印鉴不符的支票的

B. 冒用他人的票据，或者故意使用过期或者作废的票据，骗取财物的

C. 付款人与持票人恶意串通，在汇票上作虚假记载，骗取财物的

D. 故意使用伪造、变造的票据的

5. 杨某为其妻王某购买了某款人身保险，该保险除可获得分红外，还约定若王某意外死亡则保险公司应当支付保险金 20 万元。关于该保险合同，下列哪一说法是错误的？（　　）

A. 若合同成立 2 年后王某自杀，则保险公司不支付保险金

B. 王某可让杨某代其在被保险人同意处签字

C. 经王某口头同意，杨某即可将该保险单质押

D. 若王某现为无民事行为能力人，则无需经其同意该保险合同即有效

6. 甲在证券市场上陆续买入力扬股份公司的股票，持股达 6%时才公告，被证券监督管理机构以信息披露违法为由处罚。之后甲欲继续购入力扬公司股票，力扬公司的股东乙、丙反对，持股 4%的股东丁同意。对此，下列哪些说法是正确的？（　　）

A. 甲的行为已违法，故无权再买入力扬公司股票

B. 乙可邀请其他公司对力扬公司展开要约收购

C. 丙可主张甲已违法，故应撤销其先前购买股票的行为

D. 丁可与甲签订股权转让协议，将自己所持全部股份卖给甲

7. 下列哪些行为属于内幕交易行为？（　　）

A. 内幕人员利用内幕信息买卖证券

B. 内幕人员根据内幕信息建议他人买卖证券

C. 内幕人员向他人泄露内幕信息，使他人利用该信息进行内幕交易

D. 非内幕人员根据其获得的内幕信息买卖证券或建议他人买卖证券

8. 尚友有限公司因经营管理不善，决定依照《企业破产法》进行重整。关于重整计划草案，

下列哪些选项是正确的？(　　)

A. 在尚友公司自行管理财产与营业事务时，由其自己制作重整计划草案

B. 债权人参加讨论重整计划草案的债权人会议时，应按法定的债权分类，分组对该草案进行表决

C. 出席会议的同一表决组的债权人过半数同意重整计划草案，即为该组通过重整计划草案

D. 2/3 以上表决组通过重整计划草案，重整计划即为通过

9. 甲从乙处购置一批家具，给乙签发一张金额为 40 万元的汇票。乙将该汇票背书转让给丙。丙请丁在该汇票上为“保证”记载并签章，随后又将其背书转让给戊。戊请求银行承兑时，被银行拒绝，对此，下列哪些选项错误？(　　)

A. 丁可以采取附条件保证方式

B. 若丁在其保证中未记载保证日期，则以出票日期为保证日期

C. 戊只有在向丙行使追索权遭拒绝后，才能向丁请求付款

D. 在丁对戊付款后，丁只能向丙行使追索权

10. 凡是具有下列情况之一的，不得担任保险公司的高级管理人员：(　　)。

A. 担任依法被吊销营业执照的公司、企业的法定代表人，并负有个人责任的，自该公司、企业被吊销营业执照之日起未逾 3 年的人员

B. 个人所负数额较大的债务到期未清偿的人员

C. 担任因经营不善破产清算的公司、企业的经理，并对该公司、企业的破产负有个人责任的，自该公司、企业破产清算完结之日起未逾 3 年的人员

D. 担任因经营不善破产清算的公司、企业的厂长，并对该公司、企业的破产负有个人责任的，自该公司、企业破产清算完结之日起未逾 3 年的人员

名词解释（共 5 题，每题 4 分，共 20 分）

1. 股东名册

2. 私募发行

3. 短线交易

4. 破产撤销权

5. 回头背书

简答题（共 2 题，每题 10 分，共 20 分）

1. 简述公司法人格否认制度的一般适用情形。

2. 简述破产费用和共益债务的清偿规则。

论述题（共 1 题，共 15 分）

论述汇票追索权行使要件。

案例分析题（共 1 题，共 15 分）

甲公司有自然人股东 A、B、C、D 和法人股东乙公司。股东 A 缴纳了认缴的全部出资；股东 B、C、D 均缴纳了认缴的一半出资，并承诺剩余出资在 5 年内缴足：E 公司以一栋价值 300 万元的厂房进行出资。

甲公司章程规定，由董事长担任公司的法定代表人。E 公司的法定代表人张三被任命为甲公

司的董事长，同时，张三也是甲公司的法定代表人。后经查证，E 公司用于出资的厂房实为李四所有，但是因为登记错误，登记在了 E 公司名下，张三对此知情。李四向甲公司主张返还该厂房。

股东 B 向第三人赵六借款。为了担保股东 B 按期还款，双方约定股东 B 将其持有的甲公司股权转移至赵六名下。同时，双方还约定，债务到期后，若股东 B 按期还款，则赵六归还股权；若股东 B 到期不还款，则股权归赵六所有。因此，赵六被记载到股东名册，并且变更了工商登记。

甲公司召开股东会讨论公司利润分配方案。因公司章程对如何进行分红没有约定，一部分股东主张按照认缴出资比例行使表决权，另一部分股东主张按照实缴出资比例行使表决权，对此出现分歧，无法达成一致意见。

2024 年 7 月，因公司内部治理出现问题，甲公司经 E 公司法定代表人张三的提议召开了股东会。经张三提名并经股东会全体股东过半数表决权通过，决议由巫旺担任公司总经理及法定代表人，并办理了变更登记。

请问：

（1）E 公司用于出资的房产，甲公司能否善意取得？为什么？

（2）股东 B 和赵六约定，若债务到期后，股东 B 不还款，则股权归赵六所有。该约定是否有效？为什么？

（3）股东 B 将股权转让给赵六时，其他股东是否可以主张优先购买权？为什么？

（4）甲公司的法定代表人是否有效变更为巫旺？为什么？

（5）甲公司对分红决议进行表决，应当如何计算表决权的比例？为什么？

综合测试题三

名词解释（共3题，每题6分，共18分）

1. 法定资本制
2. 复保险合同
3. 破产取回权

简答题（共4题，每题10分，共40分）

1. 简述公司资本维持原则。
2. 简述虚假陈述的具体形态。
3. 简述别除权的基本特征。
4. 简述票据行为的无因性。

论述题（共2题，每题24分，共42分）

1. 论述保险法的近因原则。
2. 论述《公司法》（2023修订）对于强化股东特别是中小股东权益保护的措施。

附录一：商法学习所涉及的主要法律文件

1.《中华人民共和国个人独资企业法》（1999 年 8 月 30 日）
2.《中华人民共和国信托法》（2001 年 4 月 28 日）
3.《中华人民共和国票据法》（2004 年 8 月 28 日）
4.《中华人民共和国合伙企业法》（2006 年 8 月 27 日）
5.《中华人民共和国企业破产法》（2006 年 8 月 27 日）
6.《中华人民共和国企业国有资产法》（2008 年 10 月 28 日）
7.《中华人民共和国保险法》（2015 年 4 月 24 日）
8.《中华人民共和国商业银行法》（2015 年 8 月 29 日）
9.《中华人民共和国社会保险法》（2018 年 12 月 29 日）
10.《中华人民共和国外商投资法》（2019 年 3 月 15 日）
11.《中华人民共和国证券法》（2019 年 12 月 28 日）
12.《中华人民共和国期货和衍生品法》（2022 年 4 月 20 日）
13.《中华人民共和国公司法》（2023 年 12 月 29 日）
14.《期货交易管理条例》（2017 年 3 月 1 日）
15.《企业国有资产监督管理暂行条例》（2019 年 3 月 2 日）
16.《企业名称登记管理规定》（2020 年 12 月 28 日）
17.《中华人民共和国市场主体登记管理条例》（2021 年 7 月 27 日）
18.《最高人民法院关于适用〈中华人民共和国企业破产法〉若干问题的规定（一）》（2011 年 9 月 9 日）
19.《最高人民法院关于适用〈中华人民共和国公司法〉若干问题的规定（一）》（2014 年 2 月 20 日）
20.《全国法院民商事审判工作会议纪要》（2019 年 11 月 8 日）
21.《最高人民法院关于适用〈中华人民共和国公司法〉若干问题的规定（二）》（2020 年 12 月 29 日）
22.《最高人民法院关于适用〈中华人民共和国公司法〉若干问题的规定（三）》（2020 年 12 月 29 日）
23.《最高人民法院关于适用〈中华人民共和国公司法〉若干问题的规定（四）》（2020 年 12 月 29 日）
24.《最高人民法院关于适用〈中华人民共和国公司法〉若干问题的规定（五）》（2020 年 12 月 29 日）
25.《最高人民法院关于适用〈中华人民共和国企业破产法〉若干问题的规定（二）》（2020 年 12 月 29 日）
26.《最高人民法院关于适用〈中华人民共和国企业破产法〉若干问题的规定（三）》（2020 年 12 月 29 日）
27.《最高人民法院关于审理外商投资企业纠纷案件若干问题的规定（一）》（2020 年 12 月 29 日）

28.《最高人民法院关于审理票据纠纷案件若干问题的规定》（2020 年 12 月 29 日）

29.《最高人民法院关于人民法院强制执行股权若干问题的规定》（2021 年 12 月 20 日）

30.《最高人民法院关于审理证券市场虚假陈述侵权民事赔偿案件的若干规定》（2022 年 1 月 21 日）

31.《证券投资者保护基金管理办法》（2016 年 4 月 19 日）

32.《期货公司监督管理办法》（2019 年 6 月 4 日）

33.《证券交易所管理办法》（2021 年 10 月 30 日）

34.《中华人民共和国市场主体登记管理条例实施细则》（2022 年 3 月 1 日）

35.《证券登记结算管理办法》（2022 年 5 月 20 日）

36.《优先股试点管理办法》（2023 年 2 月 17 日）

37.《期货交易所管理办法》（2023 年 3 月 29 日）

38.《公司债券发行与交易管理办法》（2023 年 10 月 20 日）

39.《上市公司信息披露管理办法》（2025 年 3 月 26 日）

40.《上市公司独立董事管理办法》（2025 年 3 月 27 日）

41.《可转换公司债券管理办法》（2025 年 3 月 27 日）

42.《上市公司收购管理办法》（2025 年 3 月 27 日）

43.《上市公司证券发行注册管理办法》（2025 年 3 月 27 日）

44.《非上市公众公司监督管理办法》（2025 年 3 月 27 日）

45.《证券基金经营机构董事、监事、高级管理人员及从业人员监督管理办法》（2025 年 3 月 27 日）

46.《证券发行与承销管理办法》（2025 年 3 月 28 日）

47.《上市公司重大资产重组管理办法》（2025 年 5 月 16 日）

附录二：参考文献及推荐书目

1. 《商法学》编写组：《商法学》，高等教育出版社 2022 年版。
2. 赵旭东：《商法学》，高等教育出版社 2019 年版。
3. 王翔主编：《中华人民共和国公司法释义》，中国法制出版社 2024 年版。
4. 李东方主编：《中华人民共和国公司法理解与适用》，中国法制出版社 2024 年版。
5. 刘胜军编著：《中华人民共和国公司法释义与适用手册》，中国法制出版社 2024 年版。
6. 国家法官学院、最高人民法院司法案例研究院编：《中国法院 2025 年度案例 · 公司纠纷》，中国法治出版社 2025 年版。
7. 刘斌编著：《新公司法注释全书》，中国法制出版社 2024 年版。
8. 朱慈蕴：《新公司法条文精解》，中国法制出版社 2024 年版。
9. 施天涛：《公司法论》，法律出版社 2025 年版。
10. 施天涛：《商法学》，法律出版社 2024 年版。
11. 周友苏：《中国公司法论》，法律出版社 2024 年版。
12. 李建伟：《公司法评注》，法律出版社 2024 年版。
13. 王军：《公司资本制度》，北京大学出版社 2022 年版。
14. 邓峰：《普通公司法》，中国人民大学出版社 2009 年版。
15. 周游：《新公司法：条文解读与适用指引》，法律出版社 2024 年版。
16. 王毓莹：《新公司法二十四讲：审判原理与疑难问题深度释解》，法律出版社 2024 年版。
17. 《中华人民共和国公司法：案例注释版》，中国法制出版社 2024 年版。
18. 《公司法律政策全书》，中国法制出版社 2024 年版。
19. 法规应用研究中心编：《公司法一本通》，中国法制出版社 2024 年版。
20. 法规应用研究中心编：《图解公司法》，中国法制出版社 2024 年版。
21. 法规应用研究中心编：《公司法及司法解释关联适用全书》，中国法制出版社 2024 年版。
22. 高宇：《保险法学》，法律出版社 2021 年版。
23. 彭冰：《中国证券法学》，高等教育出版社 2007 年版。
24. 朱锦清：《证券法学》，北京大学出版社 2022 年版。
25. 许德风：《破产法论——解释与功能比较的视角》，北京大学出版社 2015 年版。
26. 王欣新：《破产法》，中国人民大学出版社 2024 年版。
27. 王欣新主编：《破产法原理与案例教程》，中国人民大学出版社 2015 年版。
28. 韩长印主编：《破产法学》，中国政法大学出版社 2016 年版。
29. 韩长印、韩永强：《保险法新论》，中国政法大学出版社 2010 年版。
30. 李玉泉：《保险法学：理论与实务》，高等教育出版社 2010 年版。
31. 朱慈蕴：《公司法人格否认法理研究》，法律出版社 1998 年版。
32. 董安生等编著：《中国商法总论》，吉林人民出版社 1994 年版。
33. 王翔：《新〈公司法〉时代背景与内容解读》，载《中国法律评论》2024 年第 2 期。